向上吧，少年

王德义 —— 著

郑州大学出版社

图书在版编目（CIP）数据

向上吧，少年／王德义著. — 郑州 ：郑州大学出版社，
2022.2（2024.6 重印）
ISBN 978-7-5645-8432-0

Ⅰ. ①向… Ⅱ. ①王… Ⅲ. ①家庭教育 Ⅳ. ①G78

中国版本图书馆 CIP 数据核字（2021）第 256801 号

向上吧，少年
XIANGSHANG BA，SHAONIAN

策　　划	李勇军		封面设计	孙文恒
责任编辑	刘晓晓		版式设计	孙文恒
责任校对	胡佩佩		责任监制	李瑞卿

出版发行	郑州大学出版社（http://www.zzup.cn）
地　　址	郑州市大学路 40 号（450052）
出 版 人	孙保营
发行电话	0371-66966070
经　　销	全国新华书店
印　　刷	山东华立印务有限公司
开　　本	710 mm × 1 010 mm　1 / 16
印　　张	14.5
字　　数	203 千字
版　　次	2022 年 2 月第 1 版
印　　次	2024 年 6 月第 3 次印刷

书　　号	ISBN 978-7-5645-8432-0	定　　价	68.00 元

自 序

你，我，他，我们，谁都有自己的家庭。

大部分家庭都会有正在成长的未成年人。

小小少年的健康成长，永远牵动着我们千家万户最敏感的神经。

或许是工作的缘故，我时常听到周围人的一些焦虑困惑和痛心发问：如今的孩子怎么了，就说我的女儿，小时候挺乖的，什么事情都对我们说，自从上了中学，就对我们没有话说了，还常常一脸心事。你问她，她张口就是"别管我，说了你也不懂"。看着她一直郁郁寡欢，冷漠抑郁，做父母的真是揪心难受！

究竟是爱错了，还是错爱了？

有的人家庭境况并不好，收入微薄，但做父母的仍省吃俭用，节衣缩食，让孩子好吃好喝，衣食无忧。谁知父母含辛茹苦，到最后养出一个白眼狼，竟然恩将仇报，戕害自己的亲生母亲！

明明那么爱，为什么最后反倒受伤害？

这个孩子小时候用胆小如鼠形容，一点也不过分，那么善良、柔弱，怎么会成长为一名抢劫犯呀？

是世界变得不可理喻，还是眼前的人已经变得陌生？

…………

一个个关于未成年人的尖锐问题，无可回避，又一时难以应答。

我在检察机关工作了30年，针对未成年人成长问题，深入采访过上千案例，与不计其数的未成年罪犯和当事人进行过零距离的访谈和沟通，为此走向案发地，追溯案件背后的故事，分析研究青少年心理健康成长问题，从鲜活的案例中，触摸到当下青少年在成长过程中人性的疼痛。

这些案件，或令人惊奇拍案，或叫人唏嘘感叹，曾在身边小范围内引起过关注和震动。然而，随着时间的推移，似乎一切都恢复了平静。

可无论时光如何流转，我始终忘不了监狱门前，那些探监的少年犯亲人痛苦复杂的表情；始终忘不了法庭旁听席上，少年犯亲友撕心裂肺的揪心之疼。这些真实案件背后发生在这些少年身上的故事，无一不是新时代下青少年健康成长的焦点，集中反映了当下未成年人成长过程中的痛点和难点！

每一桩案件，分明就是少年成长的人生！每一件案件的背后，其实是未成年人的成长土壤出了问题！

未成年人是未来的希望，而对发生在他们身上的成长之殇，我们没有理由麻木不仁，不能选择躺在时代的怀抱里装睡，不能闭着眼睛，视而不见，听而不闻。

有一部纪录片，我看后终生难忘。

长征路上，前有堵截，后有追兵，枪林弹雨中，一名女战士突然要分娩。

早不生晚不生，偏偏在激烈的突围战刚一打响时要生，而且是难产！

孕妇疼得满地打滚，身边没有一个医护人员，只有几个红军小战士。

一公里外，一个排长正率领战士拼死作战，眼看就要顶不住了。

血红着眼的排长，拎着枪冲回来问："到底还要多长时间能把孩子生下来？"

没人能够回答。

排长二话不说，再次冲入阵地，大声喊道："我们一定要打出一个生孩子的时间来！"

战士们拼命死守几个小时，硬是等孕妇把孩子生了下来。

战斗结束，一些战士经过产妇身边，怒目而视。

很多兄弟战死，谁都能够体会从战场下来的那些战士的心情？

就在这时，排长大吼一声："你们瞪什么瞪？我们流血和牺牲，不就是为了这些孩子吗？"

有一个诗人这样说："此刻，有谁在世界的某处哭，哭那个丢失的孩子？"

诗人发自肺腑的呼唤，刺痛了多少为爱而困惑的人们！对先辈和一代代人甘愿用生命和鲜血呵护的孩子们，我们有责任好好保护，精心善待，绝不能因为我们的疏忽和麻木，丢失未来！

还有什么，比关爱我们孩子健康成长更重要呢？

区块链、云计算、AI 技术、大数据等，我们在科学技术突飞猛进的时代，是不是也该放缓自己的脚步，等等我们的灵魂，关注孩子的心灵成长，寻找他们成长过程中出现的病因？

从某种意义上说，法律就是洞悉人心的事业。我有幸从事检察工作，不断接触各类未成年人案件，时常同各种少年案犯接触，也认识不少案件当事人的亲人好友，当看到少年犯那种悔恨的表情，目睹庭审上揪心的场面时，我感触最深的就是，一定要救救那些"病"了的孩子，一定要为他们的健康成长创造健康的环境。对于未成年人来说，成长比成功重要，做人比做事重要，健康比成绩重要！

我想向社会呼吁：青少年不是下一代，而是当前一代，我们唯有用一剂良方，才能培养出有未来的新一代！

特别指出，为保护隐私，本书中的当事人均为化名，对其他涉及对象的信息也做了相应技术处理。

目　录

第一辑　成长"心"关系

　　良好的关系，才是良好的家庭教育。

　　良好的家庭教育，就是要建构良好的关系。

　　我们的教育不只是培养孩子成"才"，更重要的是要培养孩子成"人"。

　　尊重生命，相信种子，护爱成长，时间会告诉我们教育的真谛是什么。

一　不是母爱错了，是错爱了

这是一起由检察院办理的少年弑母命案，社会影响特别强烈。因为我参与了案发前后的调查采访，所以感受很深，此生永远难忘！

果果，作案时只有 15 岁，是某校的一名中学生。如果不是站在威严的法庭上，谁也不会想到，皮肤白皙、戴着眼镜、一脸文气的他，竟然杀害了自己的亲生母亲！

小小年龄，究竟和母亲有多少深仇大恨，竟然冒天下之大不韪，做出此等令人震惊痛心的冷血命案？

带着心头诸多的疑问，我查阅厚厚的卷宗，走进监狱和少年面对面深谈，深入案发地访谈相关当事人，与办案检察官深度交流分享，试图从多个角度，一步一步去探寻本案背后的真相。

（一）

我首先走近那个失去爱妻，儿子又将面临牢狱之灾的中年男人。尚未从悲痛中走出来的他，断断续续回忆了往事——

我和小罗是在婚后第二年生下儿子果果的。那时，我和小罗都是企业工人，拿着微薄的工资，过着简单、平淡的生活。果果的降生，给我们这个小家庭增添了不少欢乐。每天下班回家，小罗总是忙前忙后地操持家务，我则边喝二锅头边逗小家伙，有时兴致来了，就趴在地上给儿子当马骑。那是我们家最温馨、和谐的一段时光。

天下父母没有不疼爱孩子的。闲暇时，我们常为果果的未来绘制美好蓝图。家里没有额外收入，就靠点死工资，小罗平时舍不得吃，舍不得穿，对孩子却一点不含糊。只要果果跟她上街，要啥买啥，毫不吝啬，回来时大包小包的，都是儿子的"战利品"。

一天，同小区的一个熟人看见小罗和果果在饭店吃饭。果果面前放条鱼，吃得津津有味，小罗则手拿烧饼在干啃。我听说后，心里不是滋味，忍不住嗔怪小罗。小罗笑笑，也没往心里去。

果果很争气，每次考试成绩都在班级前三名，每年也都会从学校领回奖状、奖品。那时候的他，是我们的骄傲。

然而，平静的岁月很快被打破了。果果上小学五年级时，小罗所在的企业因经营不善大批裁员，小罗下岗了。

中年下岗，比较尴尬，不再年轻，又无专长，再就业困难。此时，我单位的效益也开始走下坡路，时常拖欠工资，生存压力一下子大起来。

小罗下岗后，渐渐变得喜怒无常，动不动就在家发脾气、使性子。同时，她把生活的全部希望都寄托在果果身上。

果果小学毕业，考上了一所重点中学。上初中后，小罗对儿子不错眼珠地盯着，还时常现身说教，讲生活残酷、竞争激烈等人生大道理，以此激励果果奋发图强。

我和小罗都不喜欢串门，晚饭后的消遣就是追剧，靠一集一集的肥皂剧打发时间。但是为了不影响孩子学习，我们主动不再追剧。每当夜晚来临，家里静悄悄的，果果独自在他的房间里学习。等他学完，小罗会给果果端上一碗精心熬制的滋补汤。

初一期末考试，果果的成绩有所下降。小罗急坏了，平生第一次揍了果果，结果孩子哭她也哭。我们都是普通百姓，唯一能改变命运的，只有考大学这条路啊！我理解小罗恨铁不成钢的心情。

可是，事与愿违。在小罗的严格管教下，果果的成绩非但没有进步，反而退步了。除了成绩，很多事情也都朝着意料不到的方向发展。

果果上小学时是个诚实的孩子，到初中后居然学会了撒谎，交的朋友看着也不像什么好人。

看着果果的学习成绩每况愈下，我和小罗心急火燎，时常对他动粗，想强迫他抛弃杂念，一门心思地好好读书。

小罗很要强，常用"不吃苦中苦，哪得人上人"来告诫果果。除学习成绩外，她最担心的是果果与社会上不三不四的人来往。孩子年龄小，对人对事，有时难辨善恶真假，为了不让他染上坏习气，交上坏朋友，她给果果定了很多规矩，不让他乱交朋友、乱窜、乱跑。为了监视果果，她还像趁果果不在家，偷看他的日记……

我知道这种行为不对，但是说心里话，为了儿子，小罗付出了很多。从结婚到现在，别的女人穿金戴银，打扮得花枝招展，可她连一条项链也没有，一件衣服能穿好多年，很朴素。但对果果，她却大方得很，请有名的家教，买高档的吉他，一两万的培训班说报就报。

为让果果上艺术学校，一辈子不愿求人的她到处托关系走门路，说好话，赔笑脸。她对果果这么好，可果果对她呢？至于那天，我真不知道发生了什么，更不愿去回想……

（二）

见到果果，我提到了他的父母，以及父母对他的期望和付出，但果果很冷漠，甚至有点漫不经心地给我讲述了他和父母之间的故事——

在这座城市里，我们是草根阶层。爸妈一天到晚累得气喘吁吁，每天都在为生计奔波忙碌。虽说家里经济条件一般，不过同学们有的，我一样不缺。

我是家里的独子，一直享受着幸福快乐的生活，直到我妈失业。

我妈失业后变化很大，简直像换了个人似的。以前开朗豁达的她，变得心胸狭窄，情绪暴躁。

初一期末考试成绩下来，我把成绩单拿回家给她看。她狠揍了我一顿，脸因为痛苦，扭曲得变了形。

从没挨过打的我，在挨打后有了很强的逆反心理——你想让我好好学习，我偏不！谁让你打我的！我不再专心听讲，不再认真做作业，成绩持续下滑。我的成绩越来越差，妈妈下手也越来越重。听人家说"一次挨打战战兢兢，两次挨打默不作声，三次挨打骨头硬，四次挨打功夫成"，果然如此。

我对学习彻底失去了兴趣，同时与父母的隔阂也越来越大。

上学，对我来说度日如年。在学校，我要应付多得令人眼花缭乱的作业，回家还要打着哈欠，继续完成父母布置的额外作业，带着满脑子方程式入睡，醒来不知身在何处。妈妈不让我做任何家务。她说，只要把学习成绩冲上去，甚至可以给我端洗脚水。越是这样，我心理负担越重，成绩不升反降，对书本像仇敌一样，咬牙切齿。

　　我最不能容忍的是，爸妈对我全方位的监视，这让我透不过气来。他们什么都管，什么都问。妈妈省吃俭用给家里买了一台电脑，我有时想在网上多待会儿，可每当我在屏幕前聚精会神时，妈妈就会冷不丁出现在我的身后，像克格勃特工一样，生怕我被"敌对势力"拉下水，搞得我兴致全无。有时在家接到女同学打来的电话，一转身，发现妈妈如幽灵般站在身后，吓我一跳。

　　我心烦时，喜欢写日记。妈妈知道后，鼓励我坚持下去。可我发现，我的日记好像被人翻动过。为应付爸妈，日记我都要写两本，一本给他们看，一本给自己看。有时，放学回来我喜欢什么也不做，就静静地发会儿呆，我妈见了总是大惊小怪地反复问："怎么了，发生什么事了？"或者自以为是地瞎猜："我知道你有心事，你瞒不了我。"有一回，我妈见我默默流泪，又是给我爸打电话，又是给我老师打电话，我制止都制止不了。

　　唉！爸妈是越来越陌生了。

　　我明白将来的社会没有知识不行，但对学习怎么也提不起兴趣，就想看看外面的世界。初三那年，我和一个要好的同学拿了家里一些钱，偷偷去外地玩了三天。回家后虽说挨了打，但觉得值。也就是从那时起，我开始逃学了。

　　我爱面子，可爸妈最不给我面子。假期同学找我出去玩，爸妈一听，死活不让去，还当着同学的面，把我训得下不来台。星期天，朋友来家玩，我们没事想一起上网打游戏，父母就粗暴地关掉电源，赶人家走。

　　还有一次，因一桩小事，我和同学打了起来。回到家，父母不等我申辩，就把我揍了一顿。第二天到校，学校保卫处又莫名其妙地要罚我钱，真是出尽了丑。事后我才知道，这是父母"暗箱操作"的结果，想借校方之手，"摆治摆治"我。

　　我怒了，干脆一不做二不休，连续两次从家里拿钱，和几个要好的同学结伴逃学野游。事后，我照例又挨了不少打。连续两次逃学后，家里对我的管束越来越严。每天除了上学，我不能再走出家门。并且上学放学的路线和到家时间，爸妈也都规定好了，稍有差错，轻则责骂，重则痛打。双休日、寒暑假，也不让我出门，想出门必须有大人陪着。

　　这样的日子，暗无天日，不知道什么时候才是尽头。我痛苦、压抑，过得特别不快乐。我想了又想，觉得解决问题的办法只有一个。

　　其实，那天什么事也没发生，只是我的情绪非常低落，不想再过这种日子了，想把眼前的麻烦解决掉。于是脑子一热，我就下手了……

　　当然，我现在非常后悔，我也不知道那天的我是怎么了。

（三）

　　一个弑母少年犯，他平时的一言一行，在同学老师眼里，又是怎样一幅画像呢？在一番痛心又不可思议的感叹后，果果的老师、同学如是评价——

　　班主任童老师一脸沉重地说，果果的脑子一点也不笨，就是感觉他对学习不大上心。他最大的一个毛病，就是有点自私，不大乐意和人分享，缺乏同情心，不能替人着想。记得有一次，班里同学轮流打扫卫生，本来应该轮到一位姓张的男同学，但是，这位同学前几日骑车扭伤，行动不便。于是，负责卫生的班干部，找到本来是下次打扫卫生的果果，给他解释了原因以后，和他商量能不能调换一下，让他先去打扫卫生。谁知，果果梗着脖子，坚称要公事公办，按照章程办事，找各种理由不愿意调换。这位班干部气得浑身哆嗦，气愤地斥责他："作为同学，你能不能有点同情心，做人不要太冷血！"果果听后，一点也不受用，当场和班干部吵了起来，最后俩人撕撕扯扯把状告到我这里，听着果果振振有词的辩解，我隐隐有种不快：这孩子，讲的理倒也没错，但总觉得他在涉及自身利益时打小算盘，缺少一种做人的温度。

同学甲歪着头想了想，怯生生地说，同学们和果果在一起相处，总觉得他脾气有点不好，爱发怒，常跟男生较劲争吵，一点小事，不争个子丑寅卯，绝不善罢甘休。有时候，为了一点自身的利益，不惜说个谎造个假，反正和他在一起，总觉得不舒服自在，他太自我！不过，他溜冰技术挺棒的，溜冰时动作特别优美。还有，吉他弹得非常好，有点艺术细胞。

同学乙轻叹一声说，果果这个人心思太重，同学们谁说话不注意捎带到他，或者指出他点毛病，他都特别能记仇。有一回，一个同学向他借用一下语文课本，本来是举手之劳的事，他偏偏找各种理由，就是不给这位同学提供方便。一个女生实在看不惯，就质问果果："你是不是男子汉，做人怎么这么小气啊！"果果听后，脸憋得通红，脱口而出："就是不借给他，谁让他有次说我不好的话呢！"你看看，他多记仇，一丁点小事，一句不经意的话，让他藏到肚子里很久，太计较。

同学丙回忆说，在我的印象中，果果学习成绩一般，不过，感觉他还是挺有才的，尤其是他在溜冰场上，身姿优雅，舒展自由，很多动作让人惊艳赞叹，很有一种范儿。溜冰场上的他，明显有点孤傲，那时他眼中谁都不怎么样，自己才是一个王子，头高高昂起来，牛里牛气。

（四）

这起案件的导火索是什么？案发时究竟是一个什么样的场景？在阅完卷宗，进行了一番外围调查采访后，我和办理此案的张检察官促膝长谈。

在张检察官对面坐下，看到她办公室墙上挂着一幅字："你办的不是案，是他人的人生。"

"悲剧，惨不忍睹的悲剧！"张检察官谈起此案，似乎有太多的话想说。

她详细描述了此案发生的一些细节——

那年7月，在家过暑假的果果故技重演，从家中悄悄偷走1000元现金，和三个同学出去游山玩水，把钱全部花光才意犹未尽回到家。父母发现后，十分震怒，将他反锁在家中，轮流看管，不准他再胡来。果果特别憋屈，不但不思己过，反而更加迁怒家长，觉得从小皇帝变成了奴隶，父母不再爱自己，把自己当作仇人一样，心里很不舒坦，越想越委屈，越想越气愤，产生了可怕的念头，认为自己只要杀死母亲，雇人废了父亲，从此以后就能成为自由的鸟儿，再也不用受人管束。受这样可怕念头的驱使，9月23日那天，果果在家中找到一把刀藏起来，咬牙切齿地，想先找机会杀死母亲，有几个时间段他想实施犯罪，因时机不成熟，没敢动手。

9月26日早上，果果的父亲因果果没有按照要求早起练字，就狠狠地训斥了他一番。果果心里更是气上加气，恶向胆边生的念头更加强烈，从而决定加快步伐，争取早日"自由"。上午，他趁父母上班之际，从自家阳台找到一把斧头，悄悄藏在柜中。

中午，和母亲在一起吃饭时，果果提出下午想出去玩会儿，母亲吃着饭没有理会他。13 时左右，果果阴沉着脸，趁母亲回卧室午休时，到厨房又找到一把菜刀，右手持斧，左手拿刀，蹑手蹑脚窜入母亲卧室，毫不犹豫，挥起凶器，疯狂向母亲身上一阵乱砍。

杀死自己母亲的果果，在整个案发过程，表现出令人震惊的冷漠。他先是把床单扯下来，盖在浑身血肉模糊的母亲尸体上，然后把卧室的门锁上，不慌不忙地在卫生间洗了澡，换上一套干净的衣服，把凶器上的血迹用水冲洗干净，又返回母亲卧室，再次确认，然后像没事人一样，给同学欢欢打了个电话，约他来家一趟。

随后，果果翻箱倒柜，找了些衣服和钱之类的东西，全部塞进旅行包。等同学敲门时，果果一切准备停当，吹着口哨，拉着同学一起下楼，到附近的一家发烧友溜冰场潇洒去了。

在溜冰的时间段，果果又和其他几个要好的同学利利、壳子相遇，就撒谎说母亲被一个男人欺骗，自己想找人"废了"那个男人，问他们是否有"道上"的人相识。利利是个逃学少年，常与这些不三不四的人来往，于是，就很熟练地告诉他，"弄人"起码得 2 万元"辛苦费"。囊中羞涩的果果一听，泄了气，不再提此事。

几个人玩得还未尽兴，又嚷嚷着去一家舞厅潇洒。果果那天特别放得开，等玩够了，玩累了，一看表，快到父亲下班时间了，顿时慌了神。他知道，父亲知道母亲遇害一定会报警，连忙喊来不久前在溜冰场结识的朋友小涵，说自己犯了事，求他找个地方让自己先躲躲。小涵一听，没有细问，就满口答应，迅速叫来农村老家的孙拥，如此这般一番商量，二人帮助果果趁着夜色，逃离这座城市。

案发后，警方在果果家搜查，发现果果母亲一本还没有写完的日记。其中，谈到自己儿子，她写道："你，果果，是我的太阳，是我的希望，妈妈多么希望你能好好学习，长大以后成为一个顶天立地的男子汉。"

熟悉果果家的邻居同事，都对发生的不幸案件难以理解，他们说果果的父母对果果太好了，怎么也没想到，会养出这么一只"白眼狼"！一蹶不振的姥姥告诉办案人员，女儿在案发前几天还和自己商量，准备年前凑出钱给果果买台钢琴，好让外孙将来能在艺术方面有所作为。女儿省吃俭用，吃苦受累，把整个身心都奉献给果果了，她说，再苦不能苦孩子！

（五）

我围绕整个案件，深入进行采访，感到这桩命案的发生，实在发人深思，令人扼腕叹息！

未成年人凶犯果果的父母，都是这个城市最普通的家长，收入有限，经济条件一般。平时，自己节衣缩食，咬牙凑合，到大街上连一碗烩面都舍不得吃，可为了这个"宝贝儿子"，只要是学习方面的，要风得风，要雨得雨，有求必应。久而久之，养成了果果以自我为中心的个性特点，只知一味地从别人那里索取，从不关心体贴别人，从不会乐意付出，也不去珍惜别人的付出。在饭店吃饭，眼看着陪伴的母亲干啃烧饼，自己却心安理得吃着大鱼大肉；每天目睹父母累死累活工作，自己在一边熟视无睹。

我也时常遇到家长为了生计精打细算，孩子却因为自己的过分要求得不到满足，心生怨恨。

《诗经·蓼莪》中说："蓼蓼者莪，匪莪伊蒿。哀哀父母，生我劬劳！蓼蓼者莪，匪莪伊蔚。哀哀父母，生我劳瘁！"

有一期电视节目，看哭无数人：一名方姓高一学生，在节目中说，父亲为了让她能接受更好的教育，放弃了在老家的生活，陪她到大城市一起"打拼"，不管多晚都会陪她练琴练声。但父亲因为工作的原因，从未看过自己一场演出，所以借此机会，唱一首《父亲》，以表感恩之心。

此情此景，为什么能打动无数观众的心？

无他，就是"情感"二字！

作为一名长期从事青少年心理健康教育的检察官作家，我认为家庭、学校、社会对正在成长的青少年的教育，应该秉持情感教育比智力教育、知识培养更重要的理念。可以说，情感，是一味永远不能缺失的成长营养素，倘若不能及时补充这一生命能量，即便其他方面再优秀，孩子也可能会变得面目可憎，甚至走上犯罪的道路。

诚然，果果弑母命案，是一个极端的个例，但其暴露出的社会、学校、家庭在青少年情感教育中的缺位，却是不争的事实。不少做父母的，都有这样的困惑，那就是他们用全部心血和情感培养起来的孩子，为什么会有一天突然变得那么陌生，那么敌对，那么可怕……

有位青少年问题专家曾经说过："孩子所有问题都源于养育。"我深以为然。

可以说，有此因才出其果，情感教育的缺失，必然培育出一个冷漠无情的孩子。

由此可见，情感教育是青少年教育过程最重要的组成部分，它关注的是教育过程中青少年的态度、情绪、情感以及信念，以促进青少年的个体身心发展和整个社会的健康发展为目的。情感教育不是简单狭隘的亲情教育，还要包括人与人之间的真挚情感教育，对国家民族的情感教育，等等。

对青少年的情感教育，最重要的导师，来自家庭，来自父母。因为一个人来到这个世界，首先接触到的人就是父母，特别是在孩子幼年，父母需要用耳濡目染的方式，对孩子进行情感抚养。通过和孩子的亲密接触，建立一对一的依恋关系，用自己的善良和大格局亲力亲为，陪伴孩子，影响孩子，启发孩子，让孩子首先具备人性。在随后的成长关键期，用一种博爱的精神，在一言一行的互动中教会孩子健康的观念，形成良好的性格，与他人、社会建立最美好的情感连接，让孩子懂得不该去做什么，明白什么是做人的"底线"。

随着孩子年龄的不断增长，父母要不断调整自己的教育方式，需要学会尊重孩子，关注孩子的生活圈，重视孩子的兴趣。绝对不能像果果的父母那样，随意翻看孩子的日记，也不了解孩子身边接触的都是什么样的朋友，孩子的成长需要爱，但是爱的本质不是一味地给予与纵容。

在实际生活中，有些父母通常很注重智力教育，而忽视情感教育，有的家长甚至对孩子的生活大包大揽："你只管负责好好学习，其他什么都不用操心！"似乎只要学到知识，有了好成绩，考取好学校，学到硬本领，其他一切都不是问题。

这种极端短视的培养方式，其实是急功近利的最直接表现，缺乏温度的知识教育，对孩子来说，太可怕了，无疑饮鸩止渴！

第二次世界大战时，有一位教育家侥幸从法西斯集中营逃出。

这位经历残酷现实折磨的智者，用自己的切肤之痛，给所在学校的师生发出一封情真意切的公开信。他说，我亲眼见到人类不应该见到的事情，毒气室由专业的工程师建造，儿童被学识渊博的医生毒死，幼儿被训练有素的护士杀害，妇女和婴儿被高中生或大学生枪杀焚烧，看到这些，我万分怀疑：我们的教育究竟是为了什么？请帮助我们的学生，一定让他们成为具有人性的人。我们的努力，绝不可以制造出学识渊博的怪物，多才多艺的心理变态狂，读、写、算一流的冷漠机器人！

诚如斯言，我们的青少年一代，无疑是祖国的未来，明天的希望，中国梦的践行者。倘若我们不用心去给他们弥补情感这一重要能量元素，只是一味地用知识武装他们的头脑，用科学去培养他们的进取心，用学分去累积他们正在成长的身体，到最后，身心的严重残弱，必将导致他们无法过好这一生，甚至可能会成为社会公害！

果果母亲用自己的惨死，写出这样一条警世恒言：缺乏情感的教育，再好的知识教育都显得苍白无力！

仔细回想一下，我们从出生的那天起，每成长一步，需要多少人来提供支撑：吃的，喝的，穿的，住的，走的，用的……可以说，没有这种共同的努力，尤其是父母亲人的无私关爱，我们将寸步难行，举步维艰，一刻也难存活，更不要说健康快乐成长。可以说，来自家庭、学校、社会的支撑，就是一份最真的情！

试问：

没有了情感教育，缺乏对家庭的爱恋，有了本领，又有何利？

没有了情感教育，缺乏对学校的感恩，成绩再好，又有何用？

没有了情感教育，缺乏对社会的责任感，知识再多，又有何用？

没有了情感教育，缺乏对祖国的爱，学历再高，又有何益？

淡看世事去如烟，铭记恩情存如血。

这桩发生在我们身边的弑母案，用血写着：成绩好坏在情感培养面前，根本不值一提。

小贴士：孩子和你在一起吃饭时，有过给你夹菜或者盛汤的举动吗？

二　父爱缺位，少了一把遮风挡雨的伞

（一）

时年只有 15 岁的方小军，中等身材，外表看起来白皙、瘦弱，假如我们不是在这样特殊的高墙铁网下相识，谁也不会想到，他竟然是一个少年抢劫犯。

那年 7 月份，在方小军抢劫一案进入检察环节时，我跟随办理此案的吴检察官一道前往讯问。他的特殊身份、特殊案情、特殊遭遇，引起我强烈的关注。

小军出生在一个普通矿工家庭，和周围人相比，生活比上不足，比下有余，经济条件一般，日子勉强过得去。

从小对他影响最大的，是他的父亲，一个内蒙古汉子。性格豪爽，脾气直率，人前人后从不愿服输。

当年，父亲一腔热血来到矿上，本想在广阔天地里大有一番作为，然而，命运作弄，一直默默无闻，没有出头之日，时常有英雄气短的悲壮。

自小军出生，父亲好像看到自己生命的延续，有了新的希冀。因此，父亲铆足劲，一门心思把全部的未竟心愿寄托到小军身上。

在小军学业上，只要是想要的，父亲都毫无条件满足，只要有利学习，除了不能上天上摘星星，自己再苦再难，都要想方设法满足孩子。

然而，面对这种以爱的名义带来的压力，本来学习成绩处于上游的小军，感到一种沉重的压力，慢慢地，成绩开始不断下滑。

开始，面对孩子这种情况，父亲还能配合老师耐心做工作，试图正确引导小军向有利于学业的方向发展。随着时间的推移，这种努力收效甚微，看不到大的成效，于是，父亲没有了耐心，胡萝卜变成拳脚相加，为此，小军没少挨父亲的暴力拳头。

小军年少气盛，内心充满逆反情绪，用小军的话讲，哪里有压迫，哪里就有反抗。

面对父亲频繁的暴力，小军内心十分反感，渐渐软抵硬抗，导致他对学习越来越厌倦，甚至无端产生仇视。

他视去学校为畏途，把进课堂当作一种沉重负担，以致对学习咬牙切齿、苦大仇深。撕课本，毁桌椅，与老师玩捉迷藏，不管父亲如何暴风骤雨般地实施家暴，他都倔强地不愿悔改，父亲甚至搬来最疼他的姥姥姥爷规劝，最后都拉不回他厌学的心。

小小年纪的他，连中学都没有毕业，就混迹街头，像一根浮萍，没有了寄托，没有了方向，身流浪，心无靠，每天和形形色色的人厮混，成为问题少年。

对他寄予厚望的父亲，面对如此不争气的儿子，什么办法都使尽，毫无一点效果，气得吹胡子瞪眼，父子俩像仇敌一样，你看我不顺眼，我看你心憋屈。父亲多次吵嚷着要断绝父子关系，还粗暴地切断和儿子一切经济关系，从此不管不顾，任小军我行我素，混迹社会。

小小少年，一下子挣脱束缚，顿感一身轻松。像一只快乐无忧的小鸟，自由自在地享受没有管束的生活。每天的生活就是吃、喝、玩、乐，一天到晚停留时间最长的就是大街上的一家网吧。网上聊天、斗地主、玩游戏等，网上的一切新鲜有趣刺激，让他像吸食毒品一样，不知不觉把自己推向危险境地。

离开学校，周围环境变了，接触的对象也不同。正在成长期的小军，不知道从什么时候开始，像变了一个人似的，为了满足上网的刺激，为在以前的同学面前炫耀摆阔，编造各种理由，绕过性格暴躁的父亲，利用母亲的溺爱，多次用谎言骗取妈妈的私房钱。

小军特别虚荣，出手大方，消费超前，显然，家里那点钱对他来说自然是杯水车薪。怎样才能大口吃肉，大口喝酒，潇潇洒洒过人生，风风光光在以前的同学面前摆谱呢？在刚接触的几个社会上的小混混的怂恿下，他把法律抛在脑后，在夜深人静之时，像幽灵一样，把罪恶的目光锁定在那些深夜行走在大街的有钱女子身上。小军常尾随盯梢，趁受害人不备，迅速出击，以最快速度抢走对方身上携带之物，还没等受害人回过神来，就逃之夭夭，迅速消失在伸手不见五指的夜幕。

案发后，对于自己深重的罪恶，小军和同伙不以为意，反而大言不惭地自我安慰："哥们是贪财不劫色，风流不下流！"

就这样，小军在走向社会不到一年的时光里，从一个逃学少年，变成马路幽灵。据检察案卷记载，小军等三人在离开学校的日子，缺乏管束，放纵自己，利用夜幕做掩护，先后手持凶器，在城市偏僻的黑暗路口、街道拐弯处、公园偏僻角落等地作案 5 起，共抢劫人民币 2300 多元，供自己上网玩游戏、开房享受、吃喝挥霍。在被检察机关提起公诉后，等待小军的，将是法律的严厉制裁。

在我对小军的家访中，有一个发现：他的父亲性格暴躁，是种下恶果的一个很重要的外因。

（二）

暴躁有时候也会"遗传"。

小军父亲教育理念简单，脾气暴躁，在成长过程中，儿子稍不如己愿，或者不大听话，就容易点燃他内心的懊恼和愤怒，不由分说地对小军动粗、发脾气。从小受这种情绪的感染和影响，小军也步其后尘，一旦遇到不顺心的事，就会像父亲一样发脾气，甚至变得比父亲更暴躁，有过之而无不及。

小军的舅舅是一名人民教师，看到自己的亲外甥走到今天，十分痛心。他在深刻反思这场悲剧的诱因时，也谈到简单暴躁的教育留给周围人的反面警示："人的自控力是有限度的，有时就会如洪水泛滥一样失去控制。姐夫在教育小军时，显然没有把控好这样一个风险点，脾气暴躁不是逃避对孩子伤害的借口。知道自己脾气暴躁，就要努力去克制。做家长的，即便孩子再闹腾，再不温顺，也不要动辄打骂，随意训斥，放任自己发泄怒气，不尊重一个孩子的小小自尊心。知道自己脾气不好，容易情绪化，就应该在面对孩子时，先把自身的情绪稳定住，再来教育孩子，规劝孩子，引导孩子。家，是一个爱的地方。家人间动不动就剑拔弩张，像有多大多深的阶级仇民族恨一样，做出破坏家庭和谐的暴力行为，破坏孩子心里对家庭的向往，在家庭中找不到温暖，缺乏足够的安全感，就很容易让小军在跌跌撞撞中误入歧途。"

小军舅舅的一番感慨，确实道出在家庭教育问题上一个父亲角色的重要性。

一般来讲，在一个家庭中，做父亲的脾气暴躁，教育孩子时缺乏耐心，孩子的感受绝对不会多舒服。

简单粗暴，意味着缺乏足够的耐心，同时还有喜欢使用暴力的风险。而在孩子成长的过程中，恰恰最需要的就是父亲的耐心教导和循循善诱。虽然孩子小，有时难免会因为淘气受到父亲的责罚和严格的管束，但是这和脾气暴躁的父爱教育，是完全不一样的。前者是宽严并济，后者就是毫无意义的暴力式教育，会增加孩子心理崩溃的风险，使孩子在不知不觉中慢慢变得任性而为，甚至冷漠极端。这对于正在茁壮成长的孩子来说，无疑是毁灭性的打击。

看过电影《误杀》的观众，一定对父亲角色在孩子成长教育中的重要性有一个刻骨铭心的认识。

在剧中，一个叫素察的男孩，贪恋女同学平平的美色，为满足兽欲，毫无顾忌地对其下药、侮辱，拍下视频要挟，甚至公然找上门，继续侵害平平，步步紧逼，将黑手伸向"弱者的底线"，导致受害母女忍无可忍，在绝境中无奈自救反抗，最后素察被误杀。

这部电影与其说是一部悬疑片，倒不如说是一部家庭教育片更贴切。

电影一经播放，便牵动众多观众的心。在这起误杀案中，仁者见仁，智者见智，每个人都从不同的角度，对这部电影进行不同的解读，最能达成共识的，就是父爱在家庭教育中不可或缺。

电影中，那个叫素察的男孩，和女同学平平家庭相比，似乎特别值得"艳羡"：父母都是权倾一方的新贵，妈妈是精明能干的警察局局长，爸爸是政绩突出的市长候选人。

在如此光鲜亮丽的家庭，他吃不愁，穿无忧，16 岁就拥有无数少男少女梦寐以求的跑车。有这样优渥的条件，他本应该成长为一个优秀的好学生，或者是一位知书达理的少年，可惜，素察没有。

面对喜欢的女同学，他自私冷漠，只讲占有，不谈呵护。甚至面对受害同学平平的妈妈时，并无悔改之意，丧失做人的基本要求，视他人如草芥。素察对一切完全以自我为中心，并且不以为耻，反以为荣，在遭到呵斥时没有一点羞耻悔过，反而变本加厉，恼羞成怒，面目狰狞，大打出手，简直如禽兽一般。

一个好端端的孩子，为什么最后变成了如此恐怖的恶魔？

若仔细追溯素察的家庭教育，不难发现，素察在成长的关键期，缺乏父亲的温暖陪伴和真诚呵护，不能不说是一个最大的缺憾。

电影中有几个镜头，让我印象深刻：

A——

素察的爸爸很少回家，对儿子的陪伴更是屈指可数。

素察被误杀前一天，因为打架斗殴差点毁了他的选举，爸爸气急败坏，狠狠地打了素察一巴掌。

B——

素察少年气盛，在家受了父亲的打骂，深夜负气离开。

一个16岁的男孩带着伤离家出走，爸爸却好像司空见惯，还若无其事地指责素察妈妈给他买了跑车，惯着他胡作非为。对自己在陪伴上的失责闭口不提，或者是根本没有意识到。

C——

素察失踪时，妈妈孤立无援，给丈夫打去电话寻求安慰，没想到，比起儿子的安危，丈夫更在意的却是自己的市长竞选。

D——

素察失踪两天后，父亲要求抓紧时间想方设法找到素察，不是因为担心孩子出事，而是要在周一竞选时一家三口出现，秀秀恩爱，以便更好拉票。

E——

素察的跑车从河里被找到时，作为父亲，没有对焦灼难安的孩子母亲说出一句安慰的话，也没有给此时濒临崩溃的妻子一个有力的拥抱，而是道貌岸然地系上西服扣子，面无表情地径自离开。

…………

看到这里，谁能说素察的爸爸是一个称职的父亲？这样自私冷漠的家长，又能培养一个怎样的孩子？

心理学家曾经提出过一个概念，叫作"童年期情感忽视"。

概括来说就是：父母在子女童年时期没给到足够的情感回应，将会给孩子造成低自尊与自卑、没有归属感、没有安全感，甚至抑郁等心理创伤，并严重影响他们今后的个人成长与人际交往。

诚哉斯言，一点也不危言耸听！

（三）

一道前去观影的检察院同事，十分感慨，事后在谈论时，曾问我："你说，那个变成恶魔的素察被误杀，其结局可以避免吗？"

我毫不犹豫地点头肯定。

我们不妨把电影镜头再回放一次。

镜头一：素察因为打斗，差点戳瞎同学的眼睛。

从此端倪看出，素察开始出现对生命的漠视，对规则的随意践踏。此时，做父亲的，本应明察秋毫，及时跟进，抓住机会，用真挚的情感正确引导，但素察父亲并没有这样做。

镜头二：素察爸爸得知素察打架后，给了他一巴掌。

倘若爸爸能放下粗鲁，蹲下身子，和孩子深度沟通，启发孩子什么是真善美，什么是假恶丑，什么是是非对错，什么是人命大于天。那么，素察的结局很可能就会被改写。令人唏嘘的是，他只是生气素察差点毁了他的竞选。如果事情闹大，他在民众面前的形象可能会大打折扣。并且素察爸爸生气时，母亲还透露出一个信息，她用了十万块跟对方私了此事，而素察爸爸也对此司空见惯。

在这两个镜头中，我们看到素察爸爸一味考虑自己的眼前利益，从来没有多去体会孩子的感受，帮助孩子深入细致地分析问题，引导孩子树立正确的三观。他只是一门心思沉醉官场，多次失去对素察进行正确的言传身教的机会，最终导致了素察的死亡。

父母之爱子，则为之计深远。

一事当前，是非不分，美丑不明，凭着自己所谓的能耐，只会帮孩子大事化小，小事化了，简单地用钱来掩盖错误，用权力来替孩子解决麻烦的爸爸，看似化解了眼前的问题，扫除了一时的障碍。殊不知，最终带给孩子的，则是未来的无路可走。

可以说，父亲是一种独特的存在，对培养孩子有一种特别的力量。

那么，在对孩子的成长教育中，一位称职的父亲，应该是怎样的呢？

我结合这么多年的观察学习，抛砖引玉，提出以下几点建议。

1. 少些威严，多点风趣

说实话，天下做父亲的，没有不爱自己孩子的。为什么有些父亲，明明是最爱孩子的那个人，最后却活成了子女最畏惧的人？

很多父亲不知道，爱也是需要包装的，少些威严，多点风趣，就是最高级的包装。它能让爱绽放在当下，让两颗心更靠拢，让亲子关系更紧密，也让父爱教育更有效。

大名鼎鼎的霍金，大家都知道他生前在物理学上取得的惊人成就，却很少有人知道，他还是一位风趣的父亲。

据他的女儿露西回忆，在她小时候，爸爸常常在剑桥的街道上把自己的轮椅驾驶得飞快，让她和弟弟在后面追，就像一个会陪她疯、陪她闹的老顽童，两代人玩得相当开心，羡煞周围的小伙伴。

有次，在露西儿子的生日会上，一个小男孩问霍金："如果我掉进黑洞中会怎么样？"霍金俏皮地回道："你会变成意大利面。"众人听完哈哈大笑，露西却深受启发，决心专注创作儿童科普。

此后，她和父亲一起，完成了儿童科普系列图书《乔治的宇宙》，引导对世界充满好奇的孩子，去认识宇宙、了解宇宙。2008 年，露西为此获得科学普及 Sapio 奖，这份荣誉，不正是一位有趣的父亲为她带来的吗？

2. 少些苛责，多点陪伴

毋庸讳言，现代社会生存压力大，父亲身上担负的责任很重，面对幼小的孩子，常常容易失去耐心。当孩子出现问题时，不能平心静气去疏导，往往忍不住呵斥责骂，这样会在不经意间伤害孩子的心灵。

为了那份爱，做父亲的，要登高望远，放大格局，真正从爱护孩子出发，要尝试站在孩子的角度，感受他们的情绪和内心想法，多陪伴，多互动，多抽出宝贵时间，和孩子共度美好时光。

3. 少些说教，多点游戏

游戏是小孩子的工作。孩子的天性就是喜欢玩，尤其喜欢和爸爸妈妈在一起。做父亲的，要尽量抽出闲暇时间，多和家人孩子相处，聊聊天，玩玩游戏，一起阅读学习，一起听听音乐等，用自己一颗爱生活爱家人的心，去感染孩子，使小家时时充满欢声笑语。

可以说，没有一个孩子不向往欢乐的家庭氛围，这样温暖有趣的父亲，应该是每个孩子的向往。

小贴士：倘若你已为人母，请回忆一下，在你生孩子的时刻，丈夫在哪里？

三 爱太"甜"，反成害

（一）

这本是一个平常的日子，可对于河南省豫西北农村的青年妇女刘立夏来说，无疑是一个刻骨铭心的时刻。在经历一年撕心裂肺的蹂躏折磨后，年仅两岁的爱子圆圆，又奇迹般地回到了母亲温暖的怀抱。

面对绑架拐卖儿子、制造骨肉分离的歹徒，刘立夏恨之入骨，但又骂不出口。因为绑架拐卖自己儿子的歹徒，竟是自己含辛茹苦抚养成人的亲弟弟！

姐姐的心碎了，片片滴血！她承受不了这般无情的现实。

当案件移送到检察机关，我在和主办检察官取得沟通后，前去采访这位名叫刘立夏的女性。看起来十分朴实的她，一提起此事，伤心得泪流满面，不能自已。

（二）

人物素描：刘立夏，35 岁，圆脸大眼睛，衣着朴素，一副吃苦耐劳、任劳任怨的模样，不过，嗓门挺高。

听村里的老人讲，与土地打了一辈子交道的爷爷生平最大的愿望，就是在有生之年，看到刘家后继有人。

我的父亲是个孝子，连生了两个女儿后，那年 9 月 21 日，终于有了儿子刘军胜。

如愿以偿的父母，自然把这刘家的"根"视若掌上明珠。只要听到弟弟哭一声，大人都心疼得直掉眼泪。

弟弟聪明又顽皮。记得有一次，我背着弟弟到外面玩，路过一个坑边，调皮的弟弟突然从后面蒙上我的双眼，措手不及之时，两人都跌进坑里，害得我把腿划伤了，弟弟的胳膊也划破了。

回到家，任由我怎样哭着解释，父母还是揍了我一顿，因为弟弟受到了伤害。有道是，天有不测风云，人有旦夕祸福。

在我 14 岁那年，一向身体健壮的父母，突然患上了一种奇怪的病，相继卧病在床。

家里少了"顶梁柱"，生活既艰辛又苦涩。

因生活所迫，我 14 岁就不得不辍学回家，过早地肩负起全家人的生活重担。下田干活，操持家务，伺候父母，一天到晚累得喘不过气来。

尽管弟弟任性、捣蛋，从小唯我独尊，但全家人都疼他、迁就他。尤其是父母患病以后，我更觉得弟弟可怜，也对他倾注了更多的温暖和关爱。

那时，亲朋邻里经常来看望父母，带来的好吃的东西，父母舍不得吃，我和妹妹更舍不得吃，最后，都成了弟弟的“腹中物”。而弟弟也理所当然地一个人独享，从不与家人分享。

为了能让弟弟有点零花钱，我常常悄悄背着父母，独自到外面拾荒捡破烂，给弟弟换回些糖啊、玩具啊什么的。

父母常年卧病在床，唯一支撑他们活下去的就是弟弟。弟弟是他们的希望。为了这个希望，父母对弟弟愈加娇纵、溺爱，甚至有些过分。

弟弟 11 岁时，有一天也不知受哪个邻居的煽动，居然大模大样地叼着一根香烟，大摇大摆地出现在全家人面前。

我以为父母会生气，谁知，两位老人先是瞅着儿子一愣，竟都哈哈大笑起来。事后，父亲不无骄傲地说，行，小军胜越来越像个大男人啦。

日子就这样流逝着，我们一天天长大成人。

当我 18 岁时，到我家提亲说媒的就开始络绎不绝，其中不乏条件优越的，但任凭媒人说得天花乱坠，父母亲友磨破嘴皮，我都一笑置之。在苦难中，我担起了一份长姐的责任，那就是在我们这个特殊的家庭中，弟弟什么时候家业有成，我才能考虑自己的婚姻。

弟弟在我们的苦心养育下，渐渐长大。他变得更加好吃懒做，并且染上赌博的恶习，有时输急了，连父母看病吃药的钱也敢偷。

我和父母多次苦劝哀求也无济于事。万般无奈之下，我决定早点给他娶个媳妇，或许这样就能拴住他的心。于是，我四处托亲戚求熟人，快马加鞭为弟弟物色对象。亲事提了不少，可人家私下一打听，就都迅速“打道回府”，再也没有下文。谁家的闺女愿意嫁个好吃懒做的败家子呢？

那年冬天，刚成年的弟弟与邻村一个冯姓姑娘结了婚。虽然家底薄，但我还是咬着牙，东凑西拼借了钱，给他们办了个风风光光的婚礼。

等弟弟一家又添了新成员，我才如释重负。为了能时常照看弟弟，并照顾好长年卧病在床的父母，第二年，我选择嫁到了离家不足一里的西后村。

我以为，扶持弟弟结了婚生了子，他自然该安下心来踏踏实实过日子了，可没想到，娇纵惯了的他，受不了当农民的这份累，也不愿去受这份罪。于是，他就以出外打工为名，登门向我这个姐姐求情，将多病的父母和自己的妻儿一并交给我照料。

为让弟弟在外安心工作，我整日忙得昏天黑地，自己的家，弟弟的家，父母的家，哪里都需要照顾。再苦再累，我也无怨无悔。谁知，时间不长，半年没有回家的弟弟竟在新乡市与其他女人鬼混，并参与拐卖妇女，被警方刑事拘留。

听到这个消息，我心里的那个气呀，简直无处发泄，既恨他不走正道，又心疼他在监狱里吃苦受罪，只好瞒着父母，多次奔波百余里，到新乡为弟弟送吃送穿。弟弟释放后，在家的妻子得知他在外另有女人并已怀孕的丑事，坚决地将孩子一丢，另嫁他人。

不争气的弟弟竟厚着脸皮，随即就与自己在新乡的相好结了婚。婚后不久，他不顾父母病情渐重，将家里的重担向我这个当姐姐的一甩，又只身前往深圳"见世面"去了。

父母的病情一天天在加重。

冬天，两位老人没能抵抗住严寒的日子，相继离开了人世。我给弟弟打了几个电话，他也没回家。知子莫若母，母亲在临终时，一直念叨着弟弟的名字，眼睛瞪得大大的，始终直勾勾地看着我。我一下子明白了老人的心思，"扑通"一声跪在地上："娘，你放心去吧，今后无论发生了什么，闺女一生都会照顾好弟弟的！"

（三）

人物素描：刘军胜，绰号"鬼子"。外表看起来文弱面善，说起话来细声慢语，给人的印象弱不禁风。

现在想想，我最对不起的人是姐姐。

我的幼年是不幸的，父母卧病在床；但我又是幸运的，因为有这样一位好姐姐。人说长兄如父，长姐如母。为了我这个弟弟，姐姐中途辍学，过早地背负起家庭的生活重担。为了让我活出个人样，姐姐辛勤操劳，没日没夜，无怨无悔，牺牲得太多、太多。可我，都干了些什么呀！

那次在新乡因参与拐卖妇女被抓，从监狱出来后，先前的女人丢下孩子走了，相好的女人怀孕了又逼着我结婚，真搞得我焦头烂额。

姐姐毕竟是姐姐，她上上下下替我打理了以后，竟也使一切变得风平浪静。那时，我很不想待在家里，就厚着脸皮找姐姐商量，最后她勉强同意我到深圳打工，条件是要常回家看看。

似一只轻快的小鸟，我无忧无虑地离家独自闯荡了。

几度折腾，在灯红酒绿的城市里，我非但没有挣到钱，反而落得狼狈不堪。慢慢地，我学会了吃喝嫖赌，想方设法弄钱供自己享受。从那年开始，我纠集一些新结识的狐朋狗友，偷鸡摸狗，屡屡盗窃，后被警方通缉追捕，无奈之下只能外逃到河南省封丘县。

后在新乡县合河乡，我又结识了有夫之妇玉红。很快，我们开始同居，租住在新乡市郊。两人都没有多少积蓄，时间一长连房租也交不起了。怎样才能活得潇洒呢？偷，危险性太大；找工作，辛苦不说，钱又来得慢。我们商量来商量去，觉得还是拐卖人口挣钱多，但卖外人容易被告发，不如卖自己人最保险。那么，找谁下手呢？首先，我想到了和前妻生下的儿子刘好。一想到财源滚滚来，我就迅速与同伙胡增勇取得了联系，让他赶快找下家。谁知，折腾来折腾去，好不容易找了一家买主，等到把刘好送去时，那家人嫌孩子年龄大，说什么也不愿意要。眼看着到手的钱不能拿，急得我团团转。

我回到老家，悄悄来到姐姐家，一眼瞅见了活泼可爱的小外甥。我这个叫圆圆的小外甥，是姐姐晚婚生下的独子，聪明漂亮，人见人爱。也不知怎么的，我心头就闪过那么一个念头，便在天色渐晚时，向姐姐谎称带圆圆到镇上去照相，随后骑上姐姐家的自行车，在晚上6点多将小外甥送到了胡增勇家，很快以6000元的价格出了手。

看着这么容易到手的花花绿绿的票子，我欣喜若狂。既然这样，干脆一不做，二不休。接着，我又编造谎言，给姐姐家打电话："圆圆现在在别人手里，你快准备15000元现金赎孩子吧！"

为以防万一，我和胡增勇提前来到与姐姐在电话中约好的接头地点，远远地暗中进行观察。结果，钱没见影，倒发现了几位便衣警察。看来，是姐姐报了案。

我和胡增勇见势不妙，迅速逃窜，去别的地方"发财"去了。

坐吃山空的我，没了钱花，又想到拿外甥的事敲一敲姐姐，于是便提笔给姐姐写了一封信：

姐：

我知道你恨我，但事到如今我也没法子。孩子卖了6000元，钱让我们这个组织里几十个成员分了。你让警察到处抓我们，我的伙伴们都很生气，他们要将孩子再弄回来，广州有人愿意出几万元买他的肾。我是孩子的亲舅舅，不忍心让他们那样做。你如果能快点拿来 15000 元，我保证把孩子给你送回，如果还报警，那我可不认你这个姐姐和我的外甥了。该咋办，你自己做主。如同意，请 9 月 27 日下午带钱到村外公路上等，有人会通知你把钱放在啥地方，28 日晚，再去放钱的地方接孩子。我们的人很多，到时取钱顺利，送孩子就顺利，如果发现有其他情况，不仅孩子难保，你全家都会遭到报复。

就这样，我以自己的小外甥为诱饵，在暗处与姐姐周旋了近一年，最后钱没搞到，反而落得个这样的下场。

（四）

在深入采访"巨婴"犯罪嫌疑人刘军胜一案时，我曾在他老家听说了他小时候的一个"杰作"。

那时候，他父母的床头上方，挂着一个孩子们眼馋垂涎的"八宝箱"——竹篮里放些亲朋送来的点心之类的"奢侈品"。曾经有一段时间，父母发现篮里放着的点心时常遭到"老鼠"的吞噬，几次更换地方，暗地里留心观察，仍然毫无效果，点心照丢不误。

倘若不是刘军胜自己在伙伴们中炫耀，恐怕他的家人一辈子都会搞不明白"真相"。

原来，贪嘴又调皮的刘军胜，为了独吞那份"美食"，颇费了一番心思。最后，他想出了一个绝招，一个既可转移家人视线不受责骂，又可饱享口福的"障眼法"：在点心盒上，挖上一个小洞，附近再撒些点心碎屑，造出一种老鼠偷食的假象。

小小年龄，竟想出如此"高招"，父母得悉这一情况后，非但没有管教，反而"哈哈"相互一乐，夸耀孩子"有出息"。

殊不知，这应验了那句"小偷针，大偷金"的老话。刘军胜的"杰作"越做越大，事情越干越离谱了。

街坊邻居提起姐姐刘立夏，都啧啧称赞：多好的闺女呀！小小年纪，辍学回家，照顾老人，起早摸黑，把心操碎。为了弟弟，结婚可以推迟，自己的幸福可以不要，没想到好心却得了恶报。

办案检察官问狱中的刘军胜："你知道姐姐失去儿子后，心里有多难受吗？"

刘军胜的回答是那样轻描淡写："没想那么深，光想弄她的钱花花。"

或许刘军胜确实没有把姐姐的痛苦考虑进去。他从小就习惯于别人的给予，从没想到去奉献，一直毫无愧疚地做"啃老族"，当然就很难去设身处地替别人考虑。

在非洲的中西部，有一个位于撒哈拉沙漠南缘的内陆国，名字叫尼日尔，境内气候非常炎热。

在其国内，有一棵金合欢树，大概活了1800年，尼日尔人视其为"神树"。

这棵树生长在尼日尔北方撒哈拉大沙漠那一望无际的沙海之中。根部扎到沙海深处30米以下，虽然它的主干弯曲，而且外表粗糙，绿叶也不多，但枝干旺盛，年年都生枝发芽。

它是唯一在这里生存下来的古树。

对于这棵树如此长寿的原因，世界各地的科学家做过各种研究，却始终找不到答案。

这里常年干旱，日间与夜间的气温相差太大，白天的气温高达60摄氏度，晚上则低至0摄氏度以下，而且天气变化很快，几分钟前，还是骄阳似火，几分钟后竟是狂风大作，有时还夹带着冰雹和风沙。

这里的环境并不适合金合欢树的成长，但是这棵金合欢树却顽强地生存了下来。

受到沙漠严重威胁的尼日尔人，将它视为"神树"，当地图阿雷格人把它看作生命的图腾。

这棵金合欢树成为那片沙漠的里程碑和灯塔，从树旁经过的车辆和驼队，都自发地担当起保护这棵金合欢树的重任。

他们根据其他金合欢树的生长特点，对这棵树进行护理，先将残枝败叶修剪干净，在它的根部堆上泥土。然后，每个人将自己珍贵的饮用水拿出来，给树灌溉，还给树立起了屏障，以便遮挡风沙和冰雹。

可是，仅仅一年时间，这棵树便枯萎了。

得知它的死讯，尼日尔人一片悲声。

多方调研，四处求证，科学实验。最后，科学家们终于找到了答案：因为1800年来，那棵树已经习惯了恶劣的生长环境，由于人们善意的爱护，那树不必再与环境抗争，结果反而丧失了生命。

它不是死于风沙、干旱、高温、严寒、冰雹的摧残，而是死于人们的精心护理。

上面这个故事虽然未必真实，但却有一定的教育意义。联系到此案，我特别感慨：有时候，过度的溺爱，真的也是一种伤害。

小时候，每个孩子的可塑性都特别强。如果放大爱的格局，给孩子一个自然成长的环境，孩子在这种教育氛围的浸润下，会具有较强的独立性。

要知道，我们每个人都有向往自由的精神，这是天生的。孩子像一张白纸，幼小的心灵纯洁烂漫，尚未因懒散和陋习而扭曲变坏。

但是，如果家长不懂得如何去爱，一味地低质量溺爱，长期地无原则迁就，就会遏制孩子的自然成长。

观察身边的一些家庭教育，我发现，对孩子过分溺爱与纵容的家长，往往表现出对孩子的"心理需要关心不足，物质需求无限满足"，缺乏对孩子独立精神的培养，缺乏培养孩子爱他人的教育，从而导致孩子在成长的过程，缺少对自然和人的关爱，也缺少对生命的敬畏，难以树立规则、道德意识，从而导致良好行为习惯的养成逐渐缺失。

"艰难困苦，玉汝于成"，不经历一番风雨，何以见彩虹？父母不是孩子永远的船长，孩子要走路应该靠自己的双脚。只有脚踏大地，头顶蓝天，不怨天，不忧人，才能让自己的人生变得更有滋味，变得更加精彩。

本案的"巨婴"之所以能一路走到这样一个结果，来自家庭的过分迁就、错爱，是一个最不容忽视的原因。

小贴士：在你家，一家三代相聚在一起团圆时，让谁最先动筷子？

第二辑　成长"心"环境

听家园的细细雨响，
伴你的喜怒哀伤，
呵护你的向上，
和你一道慢慢分享。
青春吐出的满园芬芳，
同你一起静静守望，
成长的种子在蓬勃兴旺，
愿幼小的心灵，
能在美好的陪伴中把生命唱响……

四　这张白纸上，作画的就是父母

在我从事检察工作中，很少看到这样一对母女，她们"志同道合"，配合默契，在人间竟然能厚颜无耻地演出这么一场黑色幽默剧。相信我完完整整地把案件背后的故事说给你们，一定会让你们生发无限的感慨。

（一）

宋源源出生在一个普通工人家庭，漂亮可爱的她，从小聪明伶俐，平时未开口人先笑，一脸阳光，深受街坊邻里的喜欢。

从背上书包迈进学校大门那天起，源源就勤奋好学，各门功课都相当优秀。尤其语文，更是出类拔萃，写得一手好文章，作文时常被老师在课堂上作为范文点评。那流利的语言，活泼的文风，让同学们听了，都自叹不如。

上中学时，源源作为校园小记者，在暑假期间参加河南某广播电台组织的小学生记者采访团，到家附近各风景名胜地集体采风。美丽的景色，多姿的山川，厚重的文化，令源源灵感大发，一星期时间，她以独特的视觉，一口气写出三篇文采飞扬的散文，其中一篇散文被编辑慧眼相中，在省电台一个栏目播送。随着电波的传送，源源这个女孩的名字，印记到更多人的心中。

班主任对这个爱笑的漂亮女孩寄予厚望。源源在同学们的羡慕和赞叹中，心中升腾出多彩的文学梦。

对漂亮女儿的勤奋、才情和优异的学习成绩，最感到自豪和欣慰的，莫过于源源的母亲王纯。年轻时曾经是不少男同学追求对象的王纯，在经历高考落榜、求职遇挫、婚姻不顺、生活平平以后，对自己的人生境遇一直耿耿于怀。

心气很高的王纯，在高中毕业后无奈"下嫁"普通职工宋海后，把人生全部的希望，寄托在一对儿女身上。

儿子宋军像丈夫一样在校成绩平平，看来将来不可能有什么大作为，倒是女儿聪颖好学，让王纯心生希望。

在她的"政策倾斜"下，全家人把源源当作公主一样供奉起来。无论什么家务活儿，从来不让源源沾手，家里有什么好吃的，源源自然是头份。只要是源源在家学习做作业，全家人无条件为其服务。到上初中时，源源个头都长得快与母亲一样高了，还没有自己洗过一只袜子，刷过一次碗。王纯时常抱着女儿，眼里充满期待："只有好好学习才能成为人上人，你就是咱家翻身的赌注！"

那年，在一家机械制造公司上班的王纯和丈夫相继下岗，一时间，家庭经济不堪重负。一地鸡毛的焦灼和烦恼，使王纯的脾气变得越来越坏，动辄在丈夫和子女面前砸锅摔碗，把满腔的怨愤向周围人发泄。

或许是受家庭因素影响，源源在升学考试中，除了语文分数比较理想，其他成绩平平，与重点高中失之交臂。王纯脸上阴云密布，情绪失控，毫不顾忌女儿的感受，在源源面前哭闹数落，那段日子，整天吊着脸，半个月也没有理会女儿。

因为升学问题，源源在家庭中的地位一落千丈，角色来了一百八十度大转弯，从高傲的公主变成卑微的奴仆。只要她在家，拖地、洗碗、买菜等家务活儿，必须全部承包，即便她小心翼翼，唯恐有什么闪失，还是会被母亲横挑鼻子竖挑眼，受到无端的呵斥。

因为学习成绩的升降，小小的源源感受到来自家庭待遇的冷暖。到职高报到的那天，和她怄气的母亲没有给她送行，也不让家人陪伴，源源一个人孤零零地来到离市区十多公里的学校，心情糟糕透顶。

上了一个让母亲不满意的学校，辜负了家人的厚爱，这让源源承受着沉重的感情债务。

家，还是那个家，母亲，还是那个母亲，然而，一切好像开始变得有点陌生，有点遥远了。每次从学校回去，源源最害怕面对的就是心气很高的母亲，尤其是伸手向母亲要生活费时那种难以言说的憋闷，简直让她崩溃。

就在此时，源源的父亲突然瘫痪在床。

接着，家里四处求医，花费不少医疗费，把一家人折腾得筋疲力尽。最后，源源的父亲病情没有得到控制，家里还落下一身债务，这对本来经济拮据的家庭来说，简直是雪上加霜。

家里人商量来商量去，决定让源源辍学，以便减轻家庭负担。

源源不知如何是好，蒙头痛哭一场，挥泪告别同学，带着一颗破碎的心，回到被生活吹落得风雨飘摇的家。

（二）

家庭支柱的坍塌、经济状况的困顿、子女前途的无望等一系列人生的挫败，让王纯更感觉到自己"心比天高，命比纸薄"的尴尬。

在痛苦无望的日子里，王纯学会一个人喝闷酒，隔三岔五醉醺醺的，毫不避讳地在子女面前耍酒疯，说胡话，放浪形骸。

她的变化，让儿女心生苦涩。每次喝得酩酊大醉时，留给女儿的，只有无奈地劝解、安慰、收拾残局。

丈夫患病落下一屁股债，时间一长，债主就上门催要。作为一家之主的王纯，面对上门逼债的亲友，不知如何应对，整天东躲西藏，像躲猫猫一样，十分狼狈。

她四处求职，但不是嫌活儿累，就是觉得脸面无光，挑来拣去，很难找到自己满意的岗位。

回到家中，王纯在女儿面前不断地抱怨，不是指责社会不公，就是骂当官的腐败，心里似乎有什么深仇大恨。

迷茫中，王纯又喜欢上了抽烟。源源看不下去，就好心劝母亲要注意女人形象，谁知王纯不以为然："现在的社会，有钱就让人看得起，形象就好，没钱狗屁都不是！"

苦闷彷徨中，在个别朋友怂恿下，无所寄托的王纯迷上了赌博。

开始，赌资不大，她偶尔也能赢上一把。一本万利的诱惑，让她沉醉其中。有时候，王纯甚至把赌场设到自己家中，一打就是一个通宵。

运气好时，她出牌相当顺，赌局输得少，心情也特别好，对女儿源源态度变得和缓，会拿出赌赢的钱，吩咐源源去商场买好吃的，或者带着源源到饭店饱餐一顿。

耳濡目染，家庭氛围的熏陶让源源渐渐适应母亲的做派。源源时常被母亲带着到外面赌场见"世面"，每次小赢，王纯就与源源分享"快乐"，分析牌局，传授技艺。

以后的日子，在很多赌场，经常看到母女一道出现其中。源源年龄小，不识牌局机关，几次陪母亲打牌时跃跃欲试，王纯都"按兵不动"，只让她观察做伴，等"功夫"练达后再试锋芒。

见多识广，王纯不再满足于小打小闹，带着女儿参加的赌局越来越大。

然而，赌场犹如一个巨大的陷阱，赔多赢少，可诱惑多多，又让人欲罢不能。

王纯参加的赌场越多，欠下的债务也越多。

为了继续参战扳回败局，她东借西挪，亲戚邻居都借了个遍。最后，就让女儿编造理由，向同学朋友借，向娘家的长辈讨要。

红了眼的王纯对源源说："其实人生就是一场豪赌，我们家今天这种情况，要想过得有个人样，或许只有在赌场上能赢回面子！"

然而，她越陷越深，债务越累越多，每天要债的络绎不绝，王纯连死的心都有了。

看到母亲被债主逼得走投无路，源源只好巧于周旋。小小年龄的姑娘学会了说谎，编造假话也脸不红心不跳。

也正是源源的"精明"，为母亲抵挡了不少烦恼侵扰。为此，王纯对女儿的态度又来一个大转变，直夸女儿是娘的"贴心棉袄"。

捉襟见肘的生活，让母女俩每天开始为钱财绞尽脑汁。

6月的一天，一个外号叫"三虎"的赌友，推着一辆九成新的电动车来到王纯家"寄存"，他神色诡秘地让王纯帮忙找个买主"出手"，听到低廉的价格，看到对方反常的举止，王纯就知道这辆车来历不明。她揣摩出其中有利可图，把电动车藏匿在家，悄悄地寻找买主，结果很快卖掉，从中坐收渔利400元。正当她沾沾自喜时，警察找上了门。同年8月19日，王纯因掩饰、隐瞒犯罪所得罪，被法院判处拘役3个月，缓刑6个月，并处罚金人民币2000元。

当她无比晦气地走出看守所的高墙铁网，王纯没有为自己所犯的罪行忏悔，满腹哀怨地对迎接的女儿抱怨："一点小事就遭这么大罪，啥都不怨，都是因为咱家没钱惹的祸啊。"

被法律无情地"教训"了一次的王纯，回到家中没有闭门思过，干脆破罐破摔，一条道走到底。

一日深夜，赌博夜归的王纯和源源特别嘴馋，想吃点肉，手头又没有一分钱。母女俩一合计，骑上电动车来到乡下，摸到一户人家的鸡窝，麻利地捉走了一只公鸡，连夜就生剥熟煮。

母女俩大口吃着香味扑鼻的肉，睡意全消，精神倍增。

在母亲的言传身教下，还未成年的女儿源源，任由私欲膨胀，却不知已身在悬崖。

（三）

在源源的记忆中，春节这一最温馨的节日，却是全家最狼狈不堪的时光。

全家人为躲母亲欠下的赌博债务，有家不能回，亲友不能聚，吵声闹声打骂声一片，都为一个"钱"字。

靠赌博翻身已无望，找挣钱行当又没门，没有一技之长的母女二人，开始铤而走险。

这一年6月25日，王纯骑着电动车，带着源源在市区闲转。两人观察半天，决定到时代广场对面的美容化妆店试试运气。

走进店里，王纯看到房子被分割成里外两间，当准备美容付钱让女老板找零时，里间一个装钱的白色提包，让她兴奋起来。

王纯耐着性子，装模作样地躺到里间美容床上，接受老板的服务。

时值中午时分，恰好家人给女老板送饭过来，等上好面膜，里间只有王纯一个人。也就是一眨眼的工夫，王纯麻利地完成了一系列"高难度动作"，随后向在隔间中央的源源咳嗽了一声，撒了一个谎，急急忙忙带着女儿飞快骑车而去。

刚骑车到一家迪厅附近，王纯就让源源把偷来的手机卡抠掉，扔到路边。回到家中，她炫耀般向女儿展示"杰作"，怀揣偷来的300多元钱，带着源源到饭店美美地饱餐了一次。

时隔三日的上午11点，王纯带着源源到市区一家饭店参加亲戚孩子的满月宴。

半路上，源源悄悄地告诉母亲，前天在商埠街和人吃饭，发现饭店对面一家瓜子店的女老板身边的包里装有不少钱，好像很容易"得手"。

王纯一听，脸上一阵惊喜，她赞赏地拍了拍女儿，不由分说，骑车带着源源，就直奔那家瓜子店。

母女俩装作顾客摸清地理位置，随即回到宴席，等待时机。

下午2点，王纯带上一个大包，骑车带着源源，又踏进那家店。两人一唱一和，把店主骗到里间的仓库看样品，故意留下不引人怀疑的源源在外间大厅等候。早已摸透情况的源源，眼疾手快地从柜中取出老板装钱的小包放到桌上，然后快速地来到仓库，向王纯使了一个眼色。母女俩马上调换了位置，由源源继续与老板周旋，王纯闪电般把钱包放进自带的大包里，找个理由，没等老板回过神，带着女儿飞驰而去。

后经警方查证认定，那次母女俩"合作"盗窃的财物有6600元现金、一部相机、一部手机、两张中国银行卡、一张浦发银行卡以及一张招商银行卡。

看到自己的战果如此辉煌，母女俩遂到高档消费场所欢庆一回。

看到"希望"的王纯，忘形地拍着厚厚的人民币，不无得意地对女儿坦露心迹："这才是人生的硬通货啊！"

正当这对母女搭档踌躇满志，准备"大干一场"时，冰冷的手铐，锁住了贪婪的邪念，高墙铁网成为她们犯罪的归宿。

　　小小年纪的青春女孩，此时本该享受和煦的阳光、明媚的人生和快乐的生活，然而，由于母亲错误的引导，人生方向的迷失，结果，源源将在那个特殊的地方开始另类的人生。

　　回望源源走过来的路，本来是那么上进，充满希望，然而，鬼使神差，青春少女最后却成为一个女贼，实在反差太大。

　　源源之所以走上犯罪道路，毫不客气地说，她的母亲有不可推脱的责任！

　　可以说，正是因为身为人母的王纯的错误引领，让一位花季少女一步步向深渊走去。

　　我们常说，家庭是孩子成长的第一所学校，父母则是孩子的第一任教师。作为每天和孩子相处的父母，自己的一言一行，时时刻刻影响着孩子。从本案的家庭教育可以看出，正是母亲的错误引领，才使一场悲剧拉开帷幕。

　　如果我们回过头来，给源源的家庭教育设置另外一种情形，或许就不至于有今天的结局。

　　1. 健康向上的好氛围

　　一个包容、理解、向上的家庭氛围，最有利于子女身心健康的发展。宽松和谐的家庭关系，是一个家庭子女形成健康、开朗、豁达、乐于与人交往等良好性格的基础。假如，源源的原生家庭中，母亲性格平和、情绪稳定，一起坦然面对生活的挑战，家庭成员之间就会互敬互爱，共同努力，共迎风雨健康成长。

　　《颜氏家训》中说："人在年少，神情未定，所与款狎，熏渍陶染，言笑举动，无心于学，潜移暗化，自然似之。"

　　有报道称：从人类演化角度看，女性的情绪能量远远超过男性，母亲是家庭的灵魂，母亲快乐则全家快乐，母亲焦虑则全家焦虑。

　　母亲的情绪，左右着家庭的氛围。

古人有言：闺阃乃圣贤出生之地，母教为天下太平之源。

一个温和的母亲，会给孩子一个轻松和乐的家庭环境，生长其中的孩子一定是阳光的、自信的、快乐的。

反之，一个愤怒的母亲，会让孩子在成长中越发焦虑、敏感、自卑，而这种性格会追随孩子一生，成为其心底抹不去的阴影。

2. 善理解，懂尊重

被尊称为"教育史上的哥白尼"的捷克教育家夸美纽斯指出：应当像尊敬上帝一样尊敬孩子。人性中最本质的需求就是渴望得到赏识，就精神生活而言，每个幼小的生命仿佛都是为了得到赏识而来到人间，谁也不是为了挨训、挨骂而活着。当初，源源的学习成绩出现问题，考取的学校不大理想，作为母亲如果能多点理解，少些责难，适时安慰，就不至于给孩子造成那么大的心理压力和永远的伤痛。

3. 为母应做好楷模

有道是，观一人而知其家，观一母而知子之德行。意思就是，子女的性格德行，从母亲身上便可窥探一二。

一代大家欧阳修的母亲郑氏，出生于江南名门望族。她知书达理，宽仁慈爱，贤惠孝顺。

欧阳修的父亲，在他 4 岁时就已亡故，从此家境一落千丈，日渐贫寒。再后来，"房无一间，地无一垄"。

家中无钱读书，郑氏无法，只能自己教儿子。纸笔买不起，便用荻草秆在地上写字，代替纸笔，教儿子认字。到欧阳修年长些，家中无书可读，他便借书抄写。

就这样，在母亲的悉心教导下，欧阳修非常懂事，苦中求学，成绩十分优秀，23 岁便高中进士，被授予官职。

根据记载，欧阳修为官期间，因支持范仲淹变法，遭到贬职。遇此变故，郑氏沉着冷静，坦然面对："因正义而贬，怎能说不光彩？我们家一贯贫寒，再来一次也无所谓，只要你别有负担，不放下你的抱负，我就高兴!"

正是因为母亲的坚定与温柔，才成就了北宋卓越的政治家、文学家、史学家——欧阳修。

在家庭教育中，家长再多的好听话，再高大上的启发，都不如言传身教重要。在源源最关键的成长阶段，母亲王纯没有好好地言教，而是用自己对生活的极端自私感悟，给孩子带了一个最可怕的头。在平时生活的点点滴滴身教中，更是用贪婪、自私、没有底线的示范，培育出一个问题少女，结合前面我的叙述来看，也就不足为奇。

小贴士：在和孩子一起谈论一件比较严肃的问题时，你留心过孩子是一种什么样的眼神吗？

五　远见的善器，开辟家的"福地"

（一）

我还是直接从案情讲起。

那是一个夜色深沉的晚上，邢冰、柳林、小图三个人到迪厅唱歌，在尽情狂欢后，三个年龄都在十六七岁的少年，到附近一家地摊吃饭喝酒。

就是在那里，他们的人生发生了重大转折。

三位少年，都是辍学生，小小年龄，没有专长，不肯吃苦，整日浑浑噩噩。然而，三人都有一个共同特点，那就是眼高手低、好逸恶劳，整天做着发财的白日梦。

先说那天，三人点了几个小菜，坐在地摊上，你一言我一语闲聊，喝着啤酒。

谁知，在最后算账时，三人把兜里翻了个遍，也没有凑够那顿饭钱。

当时，地摊上坐着不少人，众目睽睽下，出现这种尴尬场景，三人一时不知如何是好。

就在此时，一个胖胖的中年男人走到摊主前，不动声色地为他们买了单，接着，带他们来到一家咖啡店，和颜悦色地和他们聊了起来。

见这个叫飞哥的如此大方慷慨，三个小青年很是佩服，聊的话题自然就多了起来。

看到周围没其他人，飞哥就问："平时，小兄弟们的零花钱从何而来啊？"

三人听了，很气馁，说除了偶尔在外打零工挣点外快外，主要是找父母要钱。

飞哥哈哈一笑，说："男子汉大丈夫，这样过得太窝囊啊。"然后凑近低声启发三人，"就算是花父母的钱，也是要伸手的啊！看你们三个，都不是窝囊废，一定要自己去赚钱。"

看到三人点头称是，飞哥朝四周看了看，神秘地问大家："想不想发财？"

少年们喜出望外，一个劲表示愿意跟着飞哥"发财"。

其实，这些少年眼中的能人，叫刘飞，曾因盗窃被判刑 5 年。出狱后不思悔改，继续从事"三只手"的勾当。

这个人有一个特别之处，就是过去在电动车维修部工作过，对电动车的构造、维修很在行。他利用这一优势，看中三个小青年的灵活，一番如此这般地描述美景，三个年轻人的内心开始骚动起来。

于是，刘飞趁热打铁，开始向他们传授自己的绝活儿——撬锁盗窃电动车，并且言传身教，强化培训，做好前期的准备工作。

经过一个星期的"集训"，他们果断开始小试身手。

几个人装作无事人一样，到大街上明察暗访，悄悄踩点，很快把目标对准位于解放西路一个路边的电动车。四人中有放哨的，有打掩护的，有"干活儿的"，不到十分钟，就盗窃了一辆崭新的电动车，转手卖到地下黑市，1000 元轻松地到了腰包。

首战"告捷"，四人欢欣鼓舞，飞哥马上带领大家来到东方前沿歌厅，又是唱，又是跳，又是喝，甭提有多快活了。

尝到甜头，在飞哥的带领下，三个少年不断加快盗窃电动车的步伐，慢慢地形成一个稳定的盗窃电动车的团伙。

以后的日子里，不管白天还是晚上，他们把罪恶的目光死死锁定在崭新的电动车上，进行疯狂盗窃。

有时一个晚上多次作案，并且分工明确，"责任到人"，"奖勤罚懒"，全员上阵，还将人员分组，分头行动，多处作案。四人将盗得的电动车交给一个姓周的老板销赃，所得钱财用于上网、吃喝等。为将盗窃业务"做大做强"，还不断扩大作案地盘和范围。

有了不义之财的他们，平时连家也不想回了，索性在宾馆开房、吃饭、洗桑拿浴、做足疗、打牌、找小姐，或到其他地方玩乐休闲，挥金如土，醉生梦死。

后经检察机关审理认定，这伙少年在飞哥的教唆并指挥下，不到一年时间，盗窃电动车 27 辆，涉案价值达人民币 6 万余元。

本来，故事讲到这里，应该告一段落。然而，深入了解案件背后的一些问题后，我心难平静。

三位辍学少年，他们的父母，有的是事业单位的中层干部，有的是企业工程师，有的是个体老板，在孩子成长问题上，一开始严格管教。等孩子出现厌学情绪时，却失去耐心，粗暴对待，最后在孩子青春叛逆的抗击下，无可奈何，听之任之，只图孩子从此不找麻烦，就任由未成年的孩子辍学到社会上晃悠。

小图自从辍学回家，因年龄小，母亲做金融生意，家庭条件尚可，故而母亲给他的环境很"宽松"：只要不在外边胡来，不结交狐朋狗友，不乱惹事，一切就 OK。

无所事事的日子，让小图没什么爱好，也没什么追求，最后沉溺于玩网络游戏，在那里又结识了其他小兄弟。

柳林的母亲工作忙，平时很少和孩子沟通，直到东窗事发，做母亲的才如梦初醒，不敢相信自己的儿子竟然会做出这样违法犯罪的勾当！

邢冰的家人一直以为孩子年龄小，从小连偷个鸡都不敢，打死也想不到，邢冰会去做贼！

三位懵懂少年犯了案，最难过的莫过于他们的家人。

三个孩子的母亲，在这个时候，终于放下忙碌的工作，四处奔走，奔波呼号，试图挽回过去的教育失误，再给孩子一个正常的成长环境。可是，法律无情，一切再也难以回到正常。

当我把这桩案件背后的故事，在一个家庭教育沙龙上分享后，在听众的一片唏嘘声中，我又着重讲了下面一个故事。希望大家从中能感悟出一点什么。

（二）

在这个熙来攘往的郑州，一次偶然的机会，我认识了一个叫秀秀的普通足疗女工。

提起她，头上没有耀眼的光环，身上也没有神秘的面纱，没有闭月羞花之美貌，也没有口吐莲花之才。干着一份在外人看来是"侍候"人的累活儿，每天被各色客户吆五喝六，日子过得气喘吁吁。在生活的周围，她做人似乎不显山，不露水，卑微如一缕尘埃，实在有点不足挂齿。

秀秀就是这么一位平凡的草根女性，可只要对她深入了解，你就会对她另眼相看。

她的所作所为，她的所思所想，总让周围的人心中充满敬意。

问题来了：这样一个平凡的乡下女子，究竟有什么魔法，能让熟悉的人们刮目相待？

一切答案都散落在日常生活那琐碎的锅碗瓢盆的烟火中。

秀秀的老家，在河南省鹿邑县一个乡村。

在她上小学三年级时，突然天降噩耗，母亲因为一场车祸，被无情地夺走生命。性格内向的父亲，实在承受不住严酷的打击，精神分裂，不辞而别，从此消失得无影无踪。留下秀秀和5岁的弟弟相依为命，艰难度日。

为能照顾好弟弟，给他一个健康成长的环境，秀秀一咬牙，半途辍学，过早肩负起生活的重担。

17岁那年，在一个远房亲戚的帮助下，秀秀挥泪告别家乡，独自到广东东莞打工。

她没有文凭，没有特长，在颠沛流离的日子里，先后到制鞋场、塑胶厂、物流公司、酒店等地方挣钱养家。

光阴荏苒，时光流逝，她节衣缩食攒下的辛苦钱，基本上全部供应着弟弟去上学。

那年，参加高考的弟弟，总分数在本科三批和大专分数线之间，如果报本科三批院校志愿，每年学费就相当高，报大专院校，每年可以省下很多钱。这对一个只有姐弟两人的特殊家庭来说，确实是一个艰难的选择。

秀秀二话没说，坚决要求弟弟填报本科志愿，她咬牙表态：大学不仅是学知识，最重要的是长见识，学费高点没关系，关键是成长环境相对好！

就这样，她甘愿辛劳成全弟弟的高质量成长。

漂泊的日子里，秀秀的勤劳和质朴赢得老乡酒红军的爱慕。两年后，两人结婚生子，过起寻常人家的小日子。

婚后，丈夫依然出外四处打工，秀秀在老家连续生下一男一女，一直和公婆住在一起，照料着年幼的儿女。

本来，日子过得风平浪静。然而，随着时间流逝，秀秀突然有一种危机感，觉得这样长期围着锅台转，在农田里打圈圈，心里总有一种不甘。

最后，她向公婆征求意见，和丈夫耐心商量，想再次出外打工。一来可以让不大宽裕的家庭多一点进项，再就是给孩子以后的教育提供充足的保障。

她掏心掏肺地给家人解释，以后社会发展，需要有文化有知识的一代，自己文化程度低，在社会上难成气候，再不能让后代紧步后尘，一点出息也没有。

丈夫拗不过她，只好勉强点头答应。

就这样，她毅然离开自己熟悉的家乡，和酒红军一道在外边打起零工。

那一年，她说服丈夫，把学前的女儿接到自己打工的郑州，费尽九牛二虎之力，花了不少钱，硬是把女儿送到市区一家条件好的私立幼儿园，让女儿接受城市中最好的教育。对此，丈夫十分心疼，特别不情愿。她却态度坚决，没有一丝商量的余地："我们再苦，也要让孩子有好的起步！"

有一次，幼儿园老师把秀秀叫到面前，当面不客气地指出："你的女儿脑子太笨，连最基本的看图识字都理解得很差！"

回家的路上，人小鬼大的女儿，小心翼翼地瞅着妈妈，准备接受大人的批评。

秀秀却在半途亲切地把孩子揽在怀里，眼里充满柔情："我的宝贝乖乖，今天老师在妈妈面前表扬西西，说我们家西西进步很大，越来越聪明。"

女儿的眼睛里，明显褪去惊恐，多了一份自信，连蹦带跳地说："妈妈，西西一定会做得更好！"

又有一次，刚进入小学的女儿，又被老师通知了家长。秀秀刚走进班主任的办公室，班主任就抱怨说："你家西西是不是有多动症，好好管教一下吧，太不让人省心！"

回到家中，西西自觉会有一场"晴天霹雳"，就老老实实地站到门口，等待大人的训斥。谁知，秀秀一脸悦色，从厨房端出西西平时最爱吃的蛋炒饭，温柔地把她拉到桌前，当着全家人的面表扬道："今天老师专门在妈妈面前表扬西西，说我们的孩子最近课堂纪律明显进步，希望继续发扬成绩，改正不足！加油！"

秀秀常说，只要人不懒，生活中处处有机会。

几经流离，秀秀自掏腰包，专门到郑州一家职业培训学校学习足疗专业，后来和丈夫一道在郑州市开了一家足疗店。

选择这样的一个地址，秀秀心里其实是有自己的打算的。

那年，她说服老人，又将小儿子接到身边，并尽最大努力把儿子送到了临近最好的幼儿园。这样既可以节省每天接送的时间，又可以直接照顾儿子。

自己在外奔波忙碌，一天到晚够辛苦的，又把儿子从老家接来，花这么大代价上个幼儿园，值得吗？

孩子的爷爷奶奶不理解，丈夫也心有怨气，而秀秀劝过这个劝那个，下定决心不动摇。

更让丈夫酒红军费解的是，秀秀一个小学肄业生，一个从乡下来的足疗工，居然每天雷打不动地听新闻，一有空闲，就了解那些跟过日子沾不上边的闲事。

一遇到有点文化的顾客，就像个话痨子，问问这，问问那，似乎十分"八卦"。劳累一天下来，难受得腰酸腿疼，她还要在临睡前，拿起本地的《郑州晚报》，逐字逐句看新闻，那认真的劲头，简直就像一个在校的勤奋学生。

一有空闲，秀秀常常从家附近的图书馆借来各种医学书，认认真真地看那些人体穴位图，并做出沉思状，还自言自语、饶有兴趣地琢磨。

丈夫和她开玩笑："你一个捏脚的，还想当学问家？"这个时候，她总是一笑了之，继续沉浸在她的"天地"。

经常，半夜三更，她一个人在灯下拿着女儿的课本，费力思考着什么。在陪伴儿女成长的日子里，她和孩子一起学习课本知识，一起讨论作业，一起争论问题。

秀秀虽是一个足疗女，但是，她结识的人中，有机关干部，有学校老师，有成功的企业家。每当大家来到她的小店，享受的不单单是身体的放松，更感受到一种同一个"频道"的共振。

（三）

秀秀两口子来到这个城市打拼，已经整整 8 年。

秀秀两口子却没有攒下一分钱，除去每月给老人的赡养费，打工开店挣的钱全部用于两个孩子的学习，甚至秀秀时常撂下手头的工作，不时地跟着周围喜欢折腾的人，自费到西安、太原、洛阳等地，听一些讲座，参加一些活动，买一些时尚前沿的书籍。

公婆几次来郑州，苦口婆心地劝二人节省点，把老家的二层楼房盖上。秀秀却总是今年推明年，明年推后年。每次过年回老家，看到一家人体体面面的，亲朋好友都好言相劝："看你们的情况，应该存了不少钞票吧？该修房盖屋，让街坊邻居们眼热啦！"

每一回，秀秀都如实相告，自己的确没有存下钱。大家都不相信，再三解释，也徒劳无功。

有好事者掰着指头替他们算了算，应该有一笔不少的存款，怎么可能没有一分钱存款呢！

可是，秀秀确实没有，她把自己和丈夫挣下的辛苦钱都用在别人看来不可思议的花销上。

秀秀就是一个足疗女工，却总是不甘于现状，把听新闻当成自己每天的必备功课，在为顾客做足疗服务的间隙，还抱着从顾客那里借来的一些时尚杂志看得入神。有时候听说有大师来附近城市讲课，一堂课要花费几百甚至上千，秀秀也非要自掏腰包去现场。在两个孩子的学习投入上，她也不含糊，非常舍得下本钱，觉得自己再苦也不能耽误孩子学业。

家里有她这样的"好领导"，夫妻店生意红红火火，客流源源不断。子女有她的言传身教，健康向上，自信满满。一个本来普普通通的小家庭，生活过得有滋有味，其乐融融。

应该说，每个小孩，就像一张白纸，大人平常的言传身教，对孩子会产生潜移默化的影响。

家长平时的一言一行，不经意间，展示的就是家风，对孩子成长非常重要。

有一回，我在检察院采访一起抢劫犯罪的少年犯。

这个少年，戴着一副眼镜，白白净净的，有点腼腆。若不是在监狱，根本看不出他是一个抢劫犯。

再后来，对他的犯罪背景进行调查时，我发现他从小受到的家庭教育很有问题，其中有一个细节，让我至今记忆犹新。

男孩小时，有一次妈妈带他坐公交车。刷卡时，妈妈只刷了一个人的票价。被公交司机发现后，妈妈与公交司机争执半天，最后气呼呼地补了票价。随后妈妈恨恨地说："跟你说过多少回，让你上车弓着点腰，这下白花钱了吧，你说你傻不傻呀……"

这位妈妈可能说的是一时气话，不过，她却不知道，就是自己平时不经意间的一句话、一次表现，给孩子播下一粒"投机取巧、不守规矩"的种子。

天下做父母的，总怕孩子遇事吃亏，生怕孩子遭人欺负，但是，父母却浑然不觉，在本该给孩子喂养"乳汁"时，灌下的竟然是高度的"烈酒"。这就是所谓的错爱有多深，对孩子成长的伤害就有多大。

所以，为了孩子的健康成长，我们都要重视家风教育。大人在平时的一言一行、一举一动，就是在展示着实实在在的家风。

比如，父母在街头看到有人打架斗殴，把孩子拉到一边教育："这样做太野蛮了，咱们可不干这种事！""这是犯法的事，会坐牢的！"……于是，小小的孩子就明白了："做这事太丑了，不值得！"

再比如，当着孩子的面，父母侍候久病在床的爷爷，无微不至，细心体贴。这事不用多说，大人的无言行动，就在孩子的心田悄然飘落尊老爱幼、充满爱心的种子。

千万不可小瞧为人父母在平时的小小行为，在无意间的一句轻言细语，很可能会在潜移默化中形成孩子做人的观念和准则。

做父母的，一定要深明大义，平时在孩子面前，要好好规范自己的言行。因为，头上三尺有神明，不远处，还有孩子在默默地看，静静地听啊。

　　小贴士：突然有一天，孩子很晚才从外边回来，你的第一反应是什么？

六　鼓励畏惧，走好未知的每一步

（一）

倘若不是在看守所相见，恐怕难以想到，这三个看起来稚气未退的小小少年，竟然是人们眼中十恶不赦的杀人犯！

因为都是不满 16 岁的少年，属于未成年人犯罪，他们的名字，我也只能用化名代替：赵罡、陈铭、李祥。

我们先听一段下面的对话：

"杀人可是犯法的，你们应该知道吧?"

"清楚。"

"明知道杀人是犯法的，为什么还要冒险去做呢?"

"手头太紧!"

瞧瞧，年龄不大，回答问题却干脆利落，没有一点对法律的敬畏，也没有半点悔意!

因此，为了这么一个简单的理由，三个小小少年走向街头，瞄准目标，没有一点胆怯，为了 25 元钱，公然让一个鲜活的生命在他们的铁拳下瞬间逝去了。一个家庭，那么多的亲人，就这样在一个不经意的早晨，跌入了痛苦的深渊……

（二）

刘骏是一个安分守己的工人，在家里是一个模范丈夫，一辈子老老实实的，人缘特别好。这晚，和往常一样，他骑着自行车，哼着小曲，在 12 点下了夜班后，慢悠悠地往家里赶。

天不是太黑，月亮高悬，刘骏骑车走到华西路的时候，感觉身后有个黑影闪动，还没有来得及明白怎么回事，就被来自身后的棍子闷倒了。

找到了猎物的三个小少年，看到刘骏躺在地上，心中一阵窃喜，以为一定发了大财。于是，往刘骏身上一阵乱打后，等到他没了动静，三人迅速在他的身上乱翻，忙活来忙活去，翻遍了身上所有的口袋，结果只在刘骏的身上搜到 25 元钱！

"简直是个穷鬼，身上就这么一点呀！"黑暗中，不知是谁愤愤不平地小声骂道。

三人对此明显有些失望。见刘骏躺在地上，没有一点声息和反抗，于是，骂骂咧咧地拿着一直不离身的镐把，穿过公路对面低矮棚户区中的小巷子，来到了另外一条街，开始寻觅下一个目标。

这不是在演电影，也不是在拍电视连续剧，而是发生在生活中真实的事件。

没有多长时间，终于又发现新的目标。黑暗中，三个人就那么一对视，不约而同地小声说："继续上！"

显然，这个目标很有警惕性，并不像刘骏那样大意。那个新目标也是刚下夜班的工人，这个走惯了夜路的中年人，在回家的途中，借着昏暗的灯光，看见迎面过来的三名男子手持镐把，感觉情况不妙，转身就跑。

令三人恼怒的是，他们仨使尽了全身的力气，居然没有追上。

时间已是后半夜，路上行人开始变得更加稀少，再寻找猎物，显得比较艰难。

没有追上目标，三人有些懊恼，一边商量着，一边挥动着手中的镐把，又折回原路。本来一肚子不爽的三人，看见刘骏在原地坐起来了，还在动弹。

三人对视了一下，觉得不能就这样算了，赵罡气呼呼地走到刘骏身边，想探个究竟。刘骏慌张地挣扎着往后一蹬腿，赵罡没有注意，被绊倒在地。

另外两人一看见自己的"兄弟"被绊倒在地，再加上今晚接连"失利"的恼火，一下子就爆发了，不由分说，三人抡起镐把就开始在刘骏身上一顿乱打。直至满是血迹的镐把断了两根，他们"感觉累了，解气了"，才停手离开。

刘骏的血肉之躯，哪里经得起三个少年如此疯狂地暴打，他没有来得及喊救命，就一命归西，再也不能活着回到家中了。

身上有了命案，自知罪恶深重的三人，应该负罪潜逃吧？不，没有。三个人杀了人后，又去干吗了？

第二天早上起来，三个少年又聚到一起，说起晚上的事情，大家都觉得有点晦气，心情有点小郁闷。连衣服都没有来得及换，身上还留着斑斑血迹，就这么一商量，结伙去河里钓鱼去了。

在钓鱼过程中，三个人有说有笑的，就好像没事人一样，一会儿大闹，一会儿讲黄色笑话，显得很潇洒。其间，不知是谁提议，到晚上继续"干活儿"，瞄准一个更大的目标，瞅准身上带钱多的家伙，好好捞一笔，争取一票就成。然后去洗浴中心潇洒，到摇摇酒吧高档消费。

不过，他们的美梦还没有醒来，警察已经出现在了他们面前。

（三）

在检察机关审查起诉阶段，面对检察官严厉的讯问，三人的眼里没有一丝一点的害怕、悔意。面对一条鲜活生命的逝去，他们只是轻描淡写地说："我们也不是故意把那人打死的，不知道他这么经不起折腾。他乖乖地把钱给我们，不让我们生气，我们也不会和他过不去的。只是失了手，没想到把人给弄死了。"

据办案检察官讲，人高马大的赵罡，出生在一个离异的家庭。自从他出生的那天起，每天面对的都是父母无休止的谩骂和殴打，尤其是父亲有了新的家庭后，对他不管不顾，不再把他当作小孩子看待，他也没再感受到一点家庭的温暖。继母把他当作了累赘，时常白眼瞪黑眼翻的，就没有给过他好脸。14 岁时念完初一，他再也无心上学，无论父亲怎样铁棍"伺候"，他咬牙坚决不再走进学校半步，小小年龄就辍学了。

在家待了半年，赵罡实在百无聊赖，每天觉得没有意思，就找也辍学在家的同学陈铭玩，后来他们又认识了李祥。平时，几个不学无术的人在一起，吃吃喝喝，浑浑噩噩，网吧成了他们的家，游戏厅成了他们的娱乐场所，每天活在乌烟瘴气的环境中，唱着"我拿青春赌明天"，玩世不恭地消磨着每一个稍纵即逝的日子。

还有那个叫李祥的少年，在小时候，因为成绩不是很好，不太愿意好好上学，整天想着出去玩，好多时候都被父亲粗暴地用铁链子锁在家里。但是李祥骨头很硬，不愿有一点屈服，和父亲坚决地抗争，最后还是想尽一切办法，把铁链子打开，跑了出去。

有一点三个少年是十分相同的，那就是离开学校后，父母在经过一番努力后，都对他们彻底失望，不再抱任何幻想，任其发展，基本上对他们都是不闻不问，当然，也不再给他们提供任何生活费。三个没有固定工作的少年，不愿意劳动，又想不劳而获，还喜欢高消费，爱好名牌包装，钱自然成了他们行动的首要任务！

不想劳动，又没有一技之长，你想钱，但钱绝对不会想你。于是，没过多久，他们手头开始吃紧。

赵罡在检察官面前坦白："平时没有钱了，我们唯一能想到的就是抢，觉得只有抢钱来得快，来得容易。"

还有就是，每次出来"做事"，为了哥们儿之间的义气，他们还会比试一下谁快、谁狠。于是，为了他们的所谓潇洒，就这样犯下了严重的罪行，埋葬了自己的花样年华，葬送了美好的青春！

（四）

有一位熟悉的中年母亲，找到我大吐苦水。她在外边拼命挣钱，女儿一出生，就高薪请来保姆，刚刚3岁，让孩子上全托幼儿园，到上小学一年级，为培养女儿的独立精神，她狠下心来，托关系走门路，把孩子送到很远的省城名校。

哪知道，孩子又哭又闹，和家人越来越疏远，她每一次大老远去看女儿，女儿反而爱搭不理，母女形同陌路。

更令人想不到的是，她的女儿竟然有小偷小摸的行为，成为一个问题女生。

她特别不能理解，孩子吃不愁，穿不愁，自己给女儿提供那么优越的条件，女儿怎么还会干出这样的事情。她哭着问我，自己到底要怎样做才行。

父母要想避免这种情况，必须先厘清，正在成长关键期的孩子最需要什么。

如果条件允许，我特别不赞成让孩子过早地远离亲人去求学。

独立，不是所谓"孤立"和"狠心"培训出来的；真爱，不是所谓"钱多"和"名校"交换过来的。

恰恰相反，成长中得到细心呵护、温柔拥抱、及时回应的孩子，长大后会更容易离开父母怀抱，去独立探索，成为更加独立、更能适应社会的人。

我在对一些问题青少年做调研时，曾明确提醒做父母的，一定要在孩子出生后特别注意亲密陪伴，有条件自己带的，最好自己带。因为一个孩子出生之后的 6 个月，是建立亲子间温暖有爱的最重要时期，如果错失机会，即使孩子此后再跟父母或其他亲人相处，心理出现的问题也很难矫正。

孩子从出生到 12 岁左右，是成长"关键期"，一旦错过，心里那扇门就会被永远关闭，情感纽带再也无法建立。

还有一个小小年龄的少年，家庭条件也十分不错。学校放假了，因为父母在外一直忙碌，顾不上他，就支持他到一家酒店实习。谁知，他看到新同事现在用的是最新的苹果手机，心里特别艳羡，他给父母要钱买，父母没理会他，他心里很不是滋味。日思夜想的价值数千元的苹果手机，对他来说是一个"美丽的梦"。

不能就这样下去，做男人就要潇潇洒洒，少年决定想办法"弄"

一台这样的手机，让周围同学羡慕羡慕，露露自己不凡的"风度"。

他买了把长刀子，试图用"武装"夺取心头爱物。下班后他开始变成另外一个人，在黑夜中瞪大眼睛藏在暗处，贼眉鼠眼地四处寻找目标下手。

那日晚上 10 点多，他在一条小路上转悠时，碰到一个刚刚下班的白领女孩。一看到对方手里拿着的正是日思夜想的手机，他立即"喜上眉梢"，悄悄地跟着女孩，最后来到一处黑暗地带时，突然将刀横在女孩脖子上，像电影中的蒙面人一样，低低地喝道："要命的话，赶快把手机交出来！"一个女孩子哪经过这样吓人的场面，没有等他抢夺，就乖乖地把手机交出来了。

他拿到了炫丽的手机，还没来得及在同学中炫耀，就被公安"请"了进去。他为自己的草率和无知，付出了惨重的代价。真应了那句老话："一失足成千古恨。"为了一个小小的手机，少年成了抢劫犯。

（五）

这么多年，在检察院办理的案件中，我发现了这样一个怪圈：有一些未成年人，因为缺乏对法律应有的敬畏之心，从而漠视法律威严，知法犯法，发生不少头脑一热，不管不顾的所谓"任性"犯罪。

明代学者吕坤在《呻吟语》中说："畏则不敢肆而德以成，无畏则从其所欲而及于祸。"

对青少年进行敬畏意识教育，就是要让孩子从小有所顾忌，知道有些事是坚决不能做的，做了，就是不对，就会犯错，就会惹上大祸。

青少年成长，是要往前走的，在往前走时，勇气当然十分重要。但是，我们首先要帮助孩子厘清这种勇敢是否盲目。

　　法治，既不高高在上，也不遥远。它就在我们生活的点点滴滴中，在与周围有千丝万缕的联系中。这些联系，有些有益于生命，有些不能触碰违犯，这就需要家长培养孩子有理性，能判断，时刻保持一份警醒。

　　胆怯是上天对我们生命的提示，它让我们保护自己，让我们自珍自爱。

　　小贴士：假如有一天，孩子突然失联，你能找到经常和孩子在一起的同伴的联系方式吗？

第三辑　成长"心"信息

总以为风轻云淡的日子很长。

一年有那么多天，一天有那么多个时辰。

可是，它又在每个我们以为稀松平常的日子里，藏了太多的未知。

来日方长，根本抵不过生命的猝不及防。

七 一路小心走，警惕背后有黑手

每天看似平常的日子，时常会有意想不到的事情发生。我们谁都不想遭遇意外，然而，一旦与它不期而遇，又该如何去应对？

在我们检察院办理的这桩案件里，我看到一个未成年女孩，做出了让我们成年人都应当反思的勇敢之举，也给我们的青少年教育带来一个很好的范例。

（一）

那是春天的一个晚上，河南省某高一女生许明，和同班同学连地结伴，骑着崭新的自行车走出校门，一路上有说有笑。二人在县城灵泉巷口分手，随后许明骑着自行车一路欢快地向祥云小区奔去。

祥云小区坐落在离学校不远的地方，由一座座别墅组成，因为地理位置优越，故而价格不菲。住在里面的居民大部分家庭条件不错，每天进出的，不少都是当地有头有脸的人物，被附近居民羡慕地称为"富人区"。

许明做煤炭生意发了财的三姨家，四年前就搬进了这个令人艳羡的小区居住。

正值青春年华的许明，身材高挑，相貌出众。虽出生在农家，但出落得气质高雅，她学习成绩优秀，性格开朗，知书识礼，深受亲朋好友的喜欢。自从她以优异的成绩考上本县最高学府，大家对这个漂亮上进的女孩寄予了很大希望，住在学校附近的三姨想照顾好她，就多次做工作让她住在自己家里，还专门为许明买了辆崭新的名牌自行车供她上下学使用。

许明骑车到祥云小区门口四五米时，猛然看到一辆黑色轿车正在缓缓地向前行驶。车走得特别慢，按照在学校学的交通常识，她想骑车从轿车的左前方超越先行。谁知，自行车刚接近轿车左后部，轿车冷不防往左猛打一把方向，许明"啊"了一声，手脚麻利地慌忙从自行车上下来。

说时迟，那时快，还没等她弄明白眼前发生的情况，背后被一只结实的胳膊卡住了脖子，她还没回过神就被摔倒在地，许明顿时吓出一身冷汗，倒地后开始拼命挣扎，无奈脖子被人死死地卡住，憋得满脸通红。

与此同时，轿车上窜出另一个大汉，抬着她就粗暴地向车里硬塞，然后火速地把自行车向轿车的后备厢里一扔，神色慌张地开车消失在黑夜中。

小轿车一路朝着山西省的方向开去。

意识到自己遭到不明身份的歹徒绑架，许明有一种莫名的恐惧。一开始在路上，她情绪激动，多次想张嘴呼喊，都被身边的那个男人死死捂着，她手脚并用，来回挣扎，但始终被牢牢控制。行走到无人的地方，两名歹徒担心被人发觉，干脆把车停到路边偏僻处，合伙用黄色胶带把许明的双脚捆住，然后又捆住膝关节，蒙住她的双眼，用胶带封住她的嘴巴，往她的身上罩了一个红色的毛毯，接着开车一路向山西狂奔。

一路上，许明憋屈难受，强打精神，极力想明白眼前发生的情况。

她侧耳细听，两个男人说话的声音很微弱，像是在商量什么。从走走停停中，许明感觉小车在路上遇到了两次堵车，想求救但全身被捆得很死。她试图装着晕车呕吐，后座上的男人就把嘴上的胶带往下拉了拉，用卫生纸给她擦过后，又警惕地快速贴上。

深夜两点多，小车悄然停在山西省晋城市城区后疙瘩一栋居民楼下。看到周围的居民都已熟睡，中年男人不由分说，扛起许明就往1号楼4层的401室走。他一把将许明朝床上一丢，凶神恶煞地把脸贴近躺在床上的许明说："哥们儿是只求财不要命，小姑娘你识相的话，老老实实搞好配合，否则有你罪受的！"

原来，这是一个蓄谋已久的绑架勒索犯罪行动。那个开车的年轻人叫平扬勇，胖胖的男人叫高建强，两人都是山西晋城人，都特别爱慕虚荣，也都是数码产品发烧友，相同的爱好让他们走得很近。两人时常厮混在一起，做发财的白日梦。

那年春节前后，两人在一起闲扯时，再次说到最流行的苹果手机，显得特别激动。对于他们来说，拥有高端的电子产品，手握令人艳羡的苹果手机，无疑就是身份的象征，体现着做人的价值。

然而，工作无着落的他们，面对越来越先进的数码产品，往往只能望而兴叹。但强烈的拥有欲望，让两人难以平静，商量来商量去，决定到邻近的河南实施绑架，向被绑架者的家人勒索钱财。

他俩都到过邻近山西的博爱，知道那个地方有很多富裕的煤老板，找个有钱人的子女作为敲诈对象，不愁手里没有钱花，更别说买几件高端数码产品了。

计划商定，为便于看管绑架对象，平扬勇在晋城市城区租了一套单元房，然后开始寻找绑架对象。两个人先后去了 3 趟博爱县城，都没有找到合适的目标。

感到没有自己的交通工具难成"大气候"，这年 4 月初，平扬勇分别在晋城和博爱偷窃了两辆轿车，然后继续在博爱县城暗中踩点。

他们像幽灵一样，悄然地先后在博爱县的一中、秀珠学校、松林学校等处找寻"大鱼"。

其间，为绑架方便，两人在博爱县一个文具店买了四卷胶带，又在移动营业厅购置一张手机卡，接着继续留心寻找目标。

在转悠中，他们发现博爱某中学晚上放学时，有一个打扮时髦漂亮的女生，骑着一辆崭新的名牌自行车，经常出入"富人区"祥云小区。两人一阵窃喜，从各方面情况看，猜想那女生一定是一个富翁的千金。他们将目光瞄准那位女生，进行跟踪摸底，明确她每天晚上的放学时间和行走路线，万事俱备的他们，在一个夜晚，早早等候在那个女生回家的必经之地，贪婪的眼睛在黑夜中放着寒光……

（二）

许明被绑架到平扬勇租住的小屋，腿、脚、手和眼、嘴上的胶带被高建强三下五除二撕掉，还没有来得及松口气，就被两人放到屋内一个铁床上。然后，二人用白纱布缠住她的眼睛，纱布外面又用胶带缠了几圈，她双手被麻绳捆住，然后被平着放到床上，脚和腹部被麻绳缠上，不能动弹。

许明嘤嘤地小声哭起来。"不许哭，再哭把你的嘴也封上！"平扬勇断喝道。她停止哭泣，声音温婉地哀求："大哥，我真的好难受，求你别给我绑得太紧，我不会跑的！"高建强冷笑一声，低低地吼道：

"住嘴！谅你也插翅难逃，只要你乖乖的，就不会遭罪受。"许明一听，再也没有吱一声。

大概凌晨三点多，筋疲力尽的平扬勇向高建强再三叮嘱以后，留下高一人严加看管许明，自己回到邻近的女友住处休息。

陌生的小屋，恐怖的氛围，寂静的暗夜，许明在惊恐和不安中苦苦等待着一个没有答案的明天。

蒙眬中，许明从蒙着的胶带隙缝中感觉到天已明。侧耳细听，屋里有男人时断时续的打鼾声。浑身被胶带封贴得很不舒服的她，平心静气地躺在床上想着对策。她悄悄地把头移向一边的胳膊，把嘴凑近，艰难地咬捆着的绳头，一下，两下……

绳子终于松动，"干嘛！想干嘛！"一阵轻微的响动，惊醒了正在一旁睡觉的高建强，他忽地从另一张床上腾起，一下子蹦到她的床前，不由分说，照着许明的脸上就是两耳光："吃了豹子胆了不成，还想逃跑吗？"

许明两眼冒着金星，满含委屈的泪水，小声慌忙辩解："我……我是想解手的啊！"

高建强骂了一句"就女人穷事多"，就解开许明的双手和脚，扔过来一个便盆，要许明就地解决。她迟疑一会儿，感觉高建强并没有侵害自己的意思，为不暴露自己刚才的意图，就硬着头皮排了小便。

中午时分，平扬勇从外面回来，把高建强拉到一边嘀咕一番，坐到许明床边，阴阳怪气地说："小姑娘，你家住得不赖啊？"

许明一时丈二和尚摸不着头脑，正要支吾过去，突然明白歹徒是错把三姨家当作她的家了，于是，她顺着平扬勇的思路回应着："嗐，就是那回事吧，那里的住户多着呢。"平扬勇和高建强相互对视了一下，继续问道："你老爸是做什么的？"

许明知道他们想要的是什么，就故作轻松地说："我老爸啊，做的不过是煤炭生意，可整日东跑西颠的，听说这几天去了湖南，看他整天忙的！"看到他们目前并没有加害自己的动向，许明脑子里飞快地转动，极力表现出柔弱和无助，故意天真地和两人套近乎："大哥，我看你们也不像坏人，只是想要点钱花花，对吧？你们放心，我一定听话的。"

屋里一阵沉默，许明凭感觉猜测，平扬勇和高建强钻到卫生间在小声嘀咕。她竖起耳朵，努力把里面的秘密谈话听仔细。

"嘿嘿，是条……大鱼啊……一定稳住……"

"也不知道她的家人报警了没有？"

"不可操之过急，观察一下，先过……两天再联系她的……家人……"

许明把两人断断续续的交谈进行拼凑，得出的结论是：他们先控制住自己，接着准备查看父母那边的动向，等发觉没有警方参与，再实施敲诈。

许明想起自己在校学过安全教育常识，听老师讲，在面临这样的危险处境时，受害人越是让歹徒感觉对自己了解得多，所处的危险越大；双方关系越僵化，矛盾越容易激化，受害者就越有不测的可能。

现在的关键是，要沉着冷静装糊涂，麻痹对方，放松对方的思想警惕，等待机会寻找逃生的漏洞。一旦时间拖延，让歹徒知道了自己的底细，恼羞成怒，后果不堪设想。

晚饭时，躺在床上的许明，柔柔地对看管着她的高建强说："大哥，我好饿啊，能让我吃点东西吗？不然好难受的！"

高建强黑着脸，把两个烧饼和一碗开水放到床前茶几上，解开许明捆着的双手，让她坐在床上吃了起来。

"好吃，真好吃！"许明故意咂巴着嘴，一副很贪吃的模样。

"你家那么有钱，还稀罕吃这个啊！"高建强看到她的馋嘴样，随口说道。许明觉得这是自己释放烟幕弹的机会："咱们河南还有这么好吃的饼啊，真美气。"

也许这句话让高建强觉得所对付的女孩既无知又天真，他觉得自己像一个玩猴的高手，便抱着戏弄的心态，和这个不知深浅的小姑娘有一句没一句地瞎扯起来。许明也装作傻乎乎不谙时世的模样，暂时把恐惧和不安抛到脑后，和看管她的高建强拉起家常。

（三）

看管许明的活儿，基本上都是高建强一人张罗，只有在吃饭时，平扬勇才回到关押的小屋，让高建强出去吃饭，暂时替他看管一会儿。每次进来，平扬勇都要在屋里仔细查看一番，到许明的跟前观察绳子捆得是否牢固。

有一次，接替高建强吃饭时，他看到许明和高建强拉着家常说闲话，把高建强拽到另一间屋里训了几句。高建强很不服气，在和许明说话时，无意中把这事给她讲了，许明慌忙奉承说："大哥，你心眼不坏，我不会给你添麻烦的。"

很明显，高建强在看管许明时，没有了一开始的剑拔弩张。吃饭时，他会给她解开绳子，而许明每次吃了饭，也会主动把高建强的碗一起洗了，并把屋里打扫一遍。高建强在吃完饭重新捆她时，捆得也不再那么紧了，许明再想方便，高建强也会让她一个人进卫生间。

晚饭后，许明正和高建强闲聊，忽然，高建强手机响了。看到显示的电话号码，高建强慌忙跑到卫生间，许明认真倾听，只听里面的高建强把声音压得很低："我现在有事情出不去呀……什么……那你到楼下等我……你把钱交给我就行……好好……一会儿见！"

卫生间的门"吱"的一声开了，高建强先探头看许明，许明装作一副若无其事的样子，好像什么也没有听到，在自顾自地咳嗽着。高建强很犹豫，一会儿看看表，一会儿看看眼前的许明。

刚才一个哥们儿打来电话，想找他办点事情，推托不下，他只好让哥们儿把办事的钱送到关押许明的小区的健身小广场。他不放心地用绳子把许明重新捆了捆，就编造谎话吓唬她："这两天憋屈死了，我到门口透透气，你老实待着，敢让我在门外听到一点儿动静，小心我不客气！"

许明心里明白，嘴上却说："哥，我哪敢啊，我很听你话的，放心吧。"

高建强看了看表，吓唬道："不能有半点响声，听到没有？"

他把门打开，刚关好门没有一分钟，又走进来，不放心地咋呼："咋好像听到你弄什么响动啦？"

许明很委屈地回应："大哥，我可真的没有动什么呀，真的！"

高建强一步三回头地出去了，把门朝外锁上，就下了楼。

许明心都提到嗓子眼了，她意识到，这是自己逃脱的绝好机会，不能有半点犹豫！

她麻利地用嘴拼命把捆绑胳膊的绳子解开，然后快速起来撕开缠在眼睛上的胶带，解掉绑在腿上的尼龙绳，定了定神，自此才发现，这是一个两室一厅的居室。

她没有一丝犹豫，疾步走过去想打开通往阳台的那个门，但发现被锁死了。许明又把朝南的后窗推开，竟发现自己身处在四楼。她把绳子捆在窗上，抓着绳子就往下跳去。因为绳子的缘故，许明落地时，只在头上嗑了个大包，腿也扭伤了，但她什么也不顾，拼命地朝远处跑去。

许明一个劲儿地跑，大概跑了半个小时，来到一个热闹的大街，在一个花圈店，她先给爸爸打了一个电话，然后马上拨打110。不到十分钟，一辆警车来到花圈店，下来两个警察把她带到了派出所，看到她身上有伤，随后又把许明送到人民医院，第二天许明就和前来山西的父母团聚了。

警方根据许明提供的线索，通过侦技手段在晋城将平扬勇抓获。

平扬勇对犯罪事实供认不讳，后公安人员安排平扬勇用电话，将高建强约到永晋大酒店，在其赶赴时将他抓获。

经过艰难的补充侦察与取证，经检察院提起公诉，被告人平扬勇、高建强因犯绑架罪和盗窃罪，分别被判处有期徒刑20年和无期徒刑。

真实故事写到这里，我们除了为机智勇敢的小许明大大地点赞外，也要看到其中涉及的青少年安全教育问题，就摆在我们面前。

教育的目的应当是向人传递生命的气息。从这桩案例中，我们可以从人小智高的女生许明身上，看到平时对青少年进行生命安全教育的重要性。意大利女教育家蒙台梭利也曾感慨地告诫我们："教育就是激发生命，充实生命，协助孩子们用自己的力量生存下去，并帮助他们发展这种精神。"

从尊重人的生命出发，我们的家庭、学校、社会，要居安思危，有忧患意识，有必要下大力气，通过多种渠道、方式，加强对青少年开展生命安全教育。只有提高广大青少年学生的生存技能和生命质量，激发他们树立努力学习、奋发成才的高远志向，才能让坚韧不拔的意志熔铸在青少年学生的精神中，培养他们勇敢、自信、坚强的品格，并且提高青少年在复杂开放的环境中的应对能力。

现代社会物质生活的日益丰富和社会环境的纷繁复杂，使青少年学生面对的问题和考验越来越富有挑战性。可以说，随着生存环境的复杂变化，很多情况无法预料，且时有隐性伤害发生，积极引导青少年加强自身安全意识，显得尤其必要和迫切。

应该看到，不了解青少年学生身心发展规律，不去正视青少年的生存环境，缺乏科学的生命安全教育理念和方法，是我们当前必须正确对待的重要问题。因此，呼吁我们的家庭、学校、社会，要切实负起责任，为了下一代的健康成长，避免不必要的伤害，学会应对生命安全问题。一定要加快对青少年进行生命安全教育行动的步伐，真正从生理、心理和伦理等方面，为青少年牢固树立生命安全意识，让他们知道对自己负责，对家庭负责，对学校负责，对社会负责，从而善待生命，尊重生命，热爱生命，完善人格，并安全健康成长。

小贴士：平时的言谈中，你确信孩子知道一些紧急情况下的求助电话吗？如120、110等。

八 从小搭建生命成长的骨架

作为父母，谁都希望自己的孩子一生平安健康，顺心顺意。但是，世事难料，当有那么一天，天降不测，那么，身为父母，对孩子最担心的是什么？最希望孩子如何去应对？最期待孩子成为一个什么样的人？

（一）

我清楚地记得，当我和办案检察官走进小乔的家，进行案件回访时，虽然那场噩梦早已过去，但再次提及，小乔的母亲秦鑫依然惊魂未定，泪流满面。她双手捂着胸口，一个劲地表示欣慰和庆幸。

作为一桩绑架案的受害者，时年只有 17 岁的小乔，在网络聊天中，无意结识了一个叫阿城的男孩。谁知，阿城在得知小乔家境殷实，父亲是当地一个有钱的煤炭老板后，就顿生邪念，编造了一个美丽的理由，将小乔约到偏僻处。然后按照和小哥们儿事先的约定，中途借故溜走，最后造成小乔被绑架，在半夜被挟持到山上一个废弃防空洞里。面对穷凶极恶的歹徒，小乔命悬一线。好在女孩从小接受了良好的家庭教育，又在学校热心社会实践活动，在突然面临险境时，她处惊不乱，沉着冷静，善于周旋，靠着机智和聪明，最终虎口脱险，逃出魔掌，重新回归平静生活。

这场绑架案，让我们看到平静生活下的暗流涌动，深陷险境，再到回归正常的步步惊心。

我认为，对17岁少女小乔的逃生历险，仍然很有必要花费笔墨进行还原，以警示我辈。

小乔和阿城，都是河南豫北小城人。两个人在虚拟的网络上相识，聊得多了，就有一种亲密的情愫萌生。

根据检察案卷记载，这年9月29日20时许，天色已晚，小乔接到网友阿城的电话，说相处这么久了，他特别赞赏小乔的为人，想送给她一个难忘的礼物，请务必赏光，到焦克路一个废弃的洗煤场附近见面。想着都是同城人，在网络上又特别聊得来，小乔爽快答应。

两人见面，并没有给小乔带来多大惊喜。相反，平日在网络上对小乔甜言蜜语的阿城，好像变了个人，没有说上几句话，就好像故意和小乔过不去，对小乔挑三拣四找毛病，这让小乔很受伤。最后，阿城竟因一言不合，丢下小乔拂袖而去，气得小乔两眼生泪。

小乔环顾四周，这才发觉四周阴森森的。此时，夜幕漆黑，行人稀少，小乔只能硬着头皮，独自走在返家路上。她心存侥幸，连续给阿城打了两次电话，都被对方粗暴地挂断。

小乔顺着胡同向南加快脚步，走出胡同向西拐时，突然眼前冷不丁出现两个黑影，两名男子蹲在路边。还没等反应过来，她就被两名小青年用黑羊毛帽套住了头，双手被胶带死死缠住。接着，斜刺里跑过来一个小青年，紧紧抓住她的脚不让她动弹。

突遭横祸，小乔下意识地奋力反抗，大声吆喝："放开我！抓我干啥？你们是不是认错人啦？"

　　小乔又抓又蹬，三个小青年费了很大劲儿，也没能把她的头彻底蒙上，更别说把腿绑住了。慌乱中，三人把小乔抬到路边厕所，先抢走手机，再粗暴地把刀架到她脖子上，虚张声势地呵斥："甭喊，不然杀了你！哥们儿只求财不要命！最好识相点！"

　　一番挣扎和哭喊后，小乔不再做任何反抗，选择了"配合"。

　　其实，这是蓄谋已久的绑架，而祸源就是小乔网恋认识的阿城。

　　三个小青年都是阿城的小哥们儿，最大的19岁，最小的18岁，都无职业。当阿城说他在网上认识一个煤老板女儿时，三个同伙喜出望外，决定让阿城以情感为诱饵，取得对方的信任。然后等待时机成熟，把小乔约出来，由几个兄弟绑架勒索，敲她一笔钱花花。

　　接着那个场景说，小乔被三个小青年绑到附近人迹罕至的山上，三人就心急火燎地逼小乔给家人打电话："爸妈，快救我！我被绑架啦，拿50万元赎我，不要报警，要不然他们就杀我！"

　　让小乔和家人通过电话，三个小青年把她挟持到废弃防空洞，用白纱布缠住小乔的眼睛，纱布外面又缠上几圈胶带，还用麻绳捆住小乔的双手，在她的脚和腹部绑了块石头，让她平躺在洞内的一块大石板上，然后，筹划如何发这次不义之财。

　　次日凌晨3时许，按照计划，两个小青年下山伺机行动，只留下一人看守。

　　深山的夜，漆黑恐怖，乌黑的洞中出奇的寂静。或许是太疲劳，看守的小青年甲竟然酣然入睡，打鼾声在洞中格外响亮。深感危险将至的小乔，在父亲以前多次危机教育的启发下，逐渐恢复冷静，脑子里一直在思索，如何安全地自救，如何摆脱魔掌。

　　她提着心，悄悄把头扭向一边的胳膊，用嘴巴凑近，一边警惕地看着睡去的绑架者，一边艰难地咬捆着她的绳头。

哪料到，小青年甲听到轻微响声，一骨碌爬起，冲过来照着小乔就是两个大耳光，恶狠狠地吼道："想逃跑吗？简直吃了豹子胆啦。"

"我……我想解手……"小乔急中生智，颤声说道。

睡眼惺忪的绑架者甲，一听此话，神经放松下来，骂了句脏话，就打着呵欠，不情愿地解开小乔的双手和脚，低声警告一句，就让她到一边自行解决。

小乔依计而行，到不远处解了小便又返回，乖乖地继续接受捆绑。不过，再次捆绑时，她要了个小心机，悄悄撑着双手，让捆绑的绳子没有那么紧。

爸妈一定特担心，他们如何营救自己？歹徒如果见不到赎金，会不会杀机顿生？这些亡命之徒，会做出什么伤天害理之事？

危险在一步步逼近，小乔心急如焚，思想处于高度紧张状态，一点睡意也没有。她想起在学校学过的安全常识：一旦遇到意想不到的危险，绝对不能乱了方寸。要深吸一口气，尽量平息不安，快速判断自己面临的处境，在处于危险的境地时，争取不要激化事态发展。现在的关键是要沉着冷静，装糊涂麻痹对方，等待机会逃生。

想清楚后，小乔柔柔地说："大哥，我好渴啊！能让我喝点水吗？"

喝过水后，小乔故意咂嘴，用当地方言说："喝得真得劲！"小乔又特别无助地说："我可害怕，能不能把我的手脚解开，让我坐你的旁边说话！"哀求几遍，对方才勉强同意。之后，小乔主动没话找话，寻找各种机会和可能。

天刚蒙蒙亮，下山的两个小青年回来，因为还没有得到钱，眼前的"猎物"还有利用的价值，就问小乔想吃什么。小乔装作特别乖的样子："你们吃啥我吃啥，方便的话，再给我买点消炎药。"随后，两个小青年又下了山。

早上 7 时许，甲的手机突然响了。小乔看到他说了一通话，一副犹豫的样子。放下手机后，甲一边看看表，一边看着小乔说："憋死我了，我要到洞口透透气，你老实待着，敢让我在外面听到一点动静，别怪我不客气！"

其实，小乔刚才听得明明白白，甲是有急事要临时下山一趟。看到被捆绑的小乔，他自觉出去一趟马上回来，只要放出烟幕弹，吓唬一下小姑娘，谅她也不敢逃跑。

而小乔捕捉到这一信息，不由得心生希望，嘴上却说："哥，我哪敢啊，我很听话的，你放心吧！"

甲在小乔面前虚张声势一番，玩起小聪明，悄然下山私自办事去了。

待对方走远，小乔抓住难得的机会，迅速用嘴将手中一直握着的一把钥匙咬紧，拼命利用钥匙尖齿，一点点割绑胳膊的绳子，一下、两下……

绳子终于断了，随后她又撕开了缠在眼上的胶带，快速解掉绑在腿上的尼龙绳。

刚进山洞时，小乔就冷静观察，发现这是一个废弃防空洞，洞内有两个出口，每个出口都有门。她推了推第一个洞口的门，没有推开。在另一个洞口，看到门外边有块半人高的石头堵着，就拼命去推门，可是推了一会儿，还是推不开。

她努力平心静气，蹲在那里耐心查看，摇了摇门，感觉上下有松动。来不及犹豫，她咬紧牙关憋着全身力气，把那扇门抬起来挪到一边，又小心翼翼地把堵门的石头推开，终于顺着缝隙爬了出去。

她一路拼命狂奔，一口气跑了半个小时，来到山下一条沿街大路，毫不犹豫地借用一位阿姨的电话报警。随即，警方根据小乔提供的线索，当日就将嫌犯全部抓获。

从噩梦中逃生的小乔，回到亲人身边，大家抱头痛哭，庆幸劫后新生。

（二）

请问，人生最美好的状态是什么？

通过这桩绑架案，我看到最好的答案就是：一切正常！

然而，世事的变化却不以我们善良的愿望为转移。从我们每个人出生那天起，不确定的未来如影随形，如何让孩子学会面对不正常，面对生存考验，就成为家庭、学校和社会的一份重要教育职责。

小乔出生在一个相对富裕的家庭，从小开始，她的爸爸就很清醒地认识到，要让孩子的羽毛丰满，将来坦然面对生活的无常，就必须让自己最疼爱的小乔在积极汲取知识营养的同时，具备处变不惊的能力。小乔的父亲有写日记的习惯，征得他的同意，我们摘录了一段他引用的法国思想家卢梭的话："人们只想到怎样保护他们的孩子，这是不够的。应该教他成人后怎样保护自己，教他经受得住命运的打击，教他不要把豪华和贫困放在眼里，教他必要时在冰岛雪地里或者马耳他岛灼热的岩石上也能生存。"

在谈到教育小乔的心得时，她的父亲告诉我，小乔出生以后，他们夫妻对孩子从不娇生惯养，该小乔做的，就必须自己去完成。小乔在 1 岁的时候，就学会了一个人吃饭；2 岁以后，开始帮助大人清扫室内卫生；3 岁时，就自己替大人做些力所能及的事情。平时，尽量多地给小乔独立自主的机会，让她独立完成分内的事情，哪怕并没有积极的结果，夫妻俩也是大胆鼓励。在这一点上，小乔的父母观点一致：关在笼中的鸟儿，时间长了，翅膀会退化，即使以后有宽松的环境，也不能再展翅高飞了。

的确，每一个家长，如果想让自己的孩子在将来成功走向外面的世界，就必须"狠点心"，通过生活中的点滴，从小培养孩子的自立和自信。如果做家长的，这也为孩子担心，那也替孩子去包揽，总帮孩子做所有的事，就只会让孩子产生依赖心理，丧失自己的判断和行动能力。一旦遇事，父母无法承担，孩子内心就会畏畏缩缩，缺乏勇气。很多活生生的事例说明，父母的包办，不仅会让孩子丧失自信和勇气，也会使孩子感到不安全。安全感只能建立在用自己的能力应付处理问题的基础上。而喜欢包办的父母，把孩子当成自己的私有财产，剥夺孩子发展自己能力的机会，而这恰恰是孩子成长最需要的。

在小乔的成长过程中，她聪明的父母，总会小心翼翼地避免在不知不觉中形成强制、束缚小乔的精神枷锁，留给小乔自由发展的空间，注重培养小乔独立生存的能力。

可以说，小乔这个女孩，之所以能在突然降临的灾祸面前，沉着冷静，遇事不慌，善于应变，争取主动，逃离危险，绝对不只是偶然和幸运，其中与她从小良好的家庭和学校教育是分不开的。

（三）

我们所说的处变能力，其实就是生存教育包含的安全教育，还包括在灾难发生时，我们根据事故现场做出判断，运用自救逃生的基本知识和技能，规避风险，逃离现场，自救与救人的能力。

谁都希望生活平稳，不希望有什么巨变发生。但是，多去学习，多去防范，未雨绸缪，总归是一种安全的保护。通过提高生存教育的处变能力，让孩子们多点应变，多点常识，多点自救。

比如，针对地震、海啸、泥石流、龙卷风、雪崩等自然灾难和火灾、交通事故、突发公共卫生事件、恐怖事件等社会灾难的应急能力，让我们的孩子从小掌握防灾救灾的常识和技巧，还要求实践人工呼吸、心肺复苏、伤口包扎，亲手使用灭火器、缓降器等急救工具。从小在孩子心中树立危机意识，逐步提高孩子的自救互救技能，提高生存能力，防灾救灾，自救救人，切实减少灾害、事故的发生，有效降低灾害、事故造成的损失，为自己争取更加安全的生存环境。

据相关媒体报道，在国外一些学校，新生进校第一天，就要接受生存能力教育。学校会在每一个教室里张贴一张逃生示意图，还会指派专人，指导学生在遇到诸如火灾等突发事件时如何求生。

未来，我们谁也不知道会发生什么，家长、学校和社会有必要再为孩子做点实事。

1. 充分认识观察社会比作业更重要

现在，很多孩子和家长，都被沉重的书本作业折磨得精疲力竭，低头做书本作业，自然就无暇去抬头看天，而社会观察，恰恰是孩子成长最重要的一项社会大作业。希望学校和家长能充分认知到这种理念的重要性，切实给孩子更多的松绑，让孩子多看看天，踏踏土地，闻闻鲜花的馨香，感受生活的千变万化。让孩子们就自己感兴趣的事物，去了解、发现、观察、调查、实践，然后将观察和实践的结果整理起来，并配上相应的说明文字，当成一种别样的作业，定期提交给家长和老师。此外，暑假期间，有些学校要求学生读书，写一篇读后感，或者让孩子完成一件手工作品，抑或是每天画图或写日记等，形式多样。这些比天天趴在桌上写作业，更有助于培养孩子的动手能力和实际生活能力。

2. 多培养孩子自主自救能力

平时，家长和学校要求孩子自己的事情自己做、自己的头脑自己做主，引导孩子积极参加劳动和社会活动，让孩子多看、多想、多做，从而增长见识，以促进孩子及早自主自立。

在孩子成长中，通过不同方式，帮助他们了解认识诸如生存的意识、条件、手段、方法以及死亡等方面的系统科学知识，教给孩子应对暴力，救触电者、溺水者，科学用电，防止雷击等的具体方法；教会孩子辨别好人坏人，进行适度的娱乐和玩耍，快速应对突发事件及进行自我控制等方面的具体知识和行为能力。家长和学校还要不失时机地给孩子宣传身边自主自救的典型事例。

3. 要让孩子懂得生存法则

人，也是大自然的产物，优胜劣汰是进化论所然。就连动物为了生存都会弱肉强食，兔子学会了奔跑，蚂蚁学会了结群，就连植物为了自保也会长刺。所以，从小帮助孩子找到合适的方式，发挥自己的优势，以此来抵御生活的挑战。

希望我们的家长像大雁训练自己的幼崽一样，用长远的发展眼光去锻炼、培养孩子，在迎接生活的暴风骤雨中，先学会自救，让自身变得伟岸，变得坚强。

小贴士：在你家里，备有一些常用药品，或者酒精、创可贴、胶布等东西吗？

九 摘下的是一枚青涩之果

（一）

暑假的一个中午，初二女生小容到姥姥家玩耍。吃中午饭时，大家正围着饭桌有说有笑，突然，小容一阵恶心，慌忙丢下饭碗，跑到卫生间呕吐。

姥姥以为饭里有什么异物，就慌忙跟着来到卫生间。小容趴在洗脸池，很是难受。姥姥吓坏了，不住地问这问那："乖，到底是哪里不舒服呀？咱们去看医生吧！"

来到社区卫生服务站，医生的一句话让姥姥目瞪口呆："这孩子怀孕啦！"

姥姥慌忙打电话给小容的父母，全家人都不相信这是真的，马不停蹄地又来到一家私人小医院，做了孕检，果不其然：小容已有将近 6 个月的身孕！

这怎么可能呀，她还是一个 15 岁的孩子！

小容的父母惊呆了。又气又急的大人，看着眼前那张茫然无辜的稚嫩小脸，撕心裂肺地猛抽自己的嘴巴。

这一切，到底是怎么回事呢？

先介绍一下小容的家庭情况吧。

小容的家里4口人，父母在一个繁华的闹市开了一家中等酒店，由于生意兴隆，夫妻俩每天很忙碌。

两人文化水平不高，对子女教育很舍得投入，只要是孩子学习需要的，一点也不吝啬。

前年，学习成绩优异的哥哥考取浙江一所二本大学，全家人受到很大鼓舞。

于是，小容刚上初中，父母就高薪为她报了课外培训班。小容学习稍有起色，父母就给予物质奖励。一家人的日子，似乎过得很平静幸福。

小容的父母忙于生意，除不断给她钱鼓励学习，很少和孩子在感情上进行沟通，而小容正是长身体的时候，在物质需要满足的同时，很渴望感情的偎依。

就在这个时候，一次偶然的相识，她和一个高中生高峻产生朦胧的情愫。

两人时常偷偷在一起，说说话，聊聊天，只要能每天看到彼此，总感觉有一丝丝甜蜜。

偶尔，他们也会像电影里一样，拉手，拥抱，接吻，关系仅止于此。

这段日子，假如父母细心，其实能感觉出小容的异样。如果适时引导，或许就不会发生后来的事情。

来往时间一长，两个人开始悄悄地往公园里跑，在网吧泡，深更半夜朝外边的夜店钻。

有人说，在这个世界上，有两样东西让人不可自拔，一个是自己的牙，一个就是所谓的年轻的情。

这对早恋的男女生，分不出感情的东南西北，终于在一个漆黑的夜晚，在一家昏暗的私家小宾馆，几杯红酒下肚，二人被冲昏了头脑，不管不顾地偷尝了禁果。

他们的早恋一如罂粟花，看似美好，可一旦开始尝试，再也难以控制，逐渐滑向深渊。

纸，终究是包不住火。

得知高峻是这场丑剧的罪魁祸首，小容的父亲恼羞成怒，当即就让女儿打电话叫来那个男生。看到站在眼前瘦弱文静的高峻，小容的爸爸难以掩饰心中的羞愤，不由分说，上前就是几个耳光。

高峻就像一个做错事的孩子，跪在地上，低着脑袋，任由对方家长呵斥打骂。

小容的父亲气得七窍生烟："畜生，我女儿今年才15岁，我要把你送进监狱，告你强奸幼女！"说罢，浑身打着哆嗦，准备掏口袋中的手机。

"你还嫌不丢人呀，你把他送进监狱，全世界人都知道咱家的事啦，你还要闺女有脸活了吗?!"母亲发疯地抓着父亲的手，坚决阻止他的贸然行动。

全家人抱头痛哭，一时不知如何是好。

出了这种事，小容的父母再也无心打理生意，唯恐别人知道详情，闷在家里唉声叹气，捶胸顿足，不断地自责，对怀有身孕的无辜小孩，又气又无奈。

小容看到父母这个样子，说的话差点没把家人气死："爸妈，你们也别生气，现在发生这种事情，在我们同学中也不少。其实，这也没什么的，到医院做了就是啦！"

家人听了，不知该笑还是该哭。妈妈眼中含泪，高抬的手悬在半空，不住地摇头："好傻好傻啊，孩子，你让爸妈说你什么好呀！"

父母商量来商量去，决定悄悄地冷处理。

第二天，他们憋着一肚子的怒火，找到高峻的家人。对方的家长听说自家的孩子闯下这么大的祸，不住地哀求，一直说着好话，满脸惊恐，赔着苦笑，任由女方数落。

高峻的父母原先也见过小容，看到她来过自己家里。小容身材高挑，看起来比较成熟，大人只以为两个都还是孩子，压根就没有想到，他们居然是在谈恋爱！更没有想到，他们背着家人，做出这种让人难堪的事情，惹出这么大的麻烦！

高峻的父母面对女方家人，不断地道歉，并表示愿意承担一切后果。

吵够了，气撒了，等慢慢平静下来后，两家人开始商量如何处理，最后一致的意见是：当务之急，先带小容到医院，偷偷去做人流！

两家人像做贼一样，红着个脸，低着个头，瞒着熟人和朋友，偷偷来到医院，通过熟人，找到一个经验丰富的老医生，吞吞吐吐地把情况说了以后，希望能尽快做人流。

那位一脸和蔼的医生也没敢耽搁，马上进行详细检查。随后，把两家大人叫到一旁："这孩子怀孕半年了，现在胎儿长得已不小，假如草率引产，风险太大，大人也有生命危险！这样的手术，把握不大。"

两家人听了，一下子傻了，不住地哀求："医生，这可咋办啊？"那位医生也很无奈："没有办法，只能十月怀胎，等待分娩。"

小容听说要让自己生孩子，哇的一声大哭起来："我不要，我不要，现在就生孩子，让人知道，丑死啦！"

爸爸狠狠地瞪着她："你做这样丢人现眼的败兴事，能怨谁呀！"

气归气，大家觉得这样怨恨也不是办法，就只好继续商量，想想下一步该如何走。

（二）

眼看小容的肚子越来越大，父母看在眼里，急在心上，到学校找到老师，编造理由，让小容暂时不再去学校。怕街坊邻居看出端倪，就让她每天待在家里，大门不出，二门不迈，等有了结果再说。

小容的父母心急火燎，又没脸找熟人商量，两人只能每天你寻个对策，我找个方案。万般无奈下，母亲对父亲欲言又止："事情都到这种地步，咱也不要再怨恨了。要不，将错就错，咱把小容嫁给高家算了，这样，生下的孩子也名正言顺啊！"

父亲听了，号啕大哭："咱的闺女才 15 岁呀，这个年纪就让她嫁人，咱们俩还是个东西吗？"

母亲也哽咽着："闺女是娘身上掉下的肉，我哪能不心疼呢！你说，除了这，我们还有什么好办法呢？"

小容的父母又找到男方，将这边的想法和盘讲了出来。

一听说女方家人这样的打算，一直怀着歉意和懊悔的高峻父母满口答应："你们这样通情达理，牺牲这么多，现在又让孩子们结婚，我们也觉得理应如此。容容肚里的孩子，是高家的骨肉，我们没有任何理由拒绝。你们放心，把容容娶进高家门，我们会像待亲闺女一样，决不会让她受半点委屈的！"

因为容容没有到法定年龄，两家商量，先到男方的老家举办一个婚礼仪式，等过几年，再给两个人补办结婚证。

小容听说自己要做新娘，捂着脸大哭起来："爸、妈，打死我也不嫁人，我就在你们身边，我也不想要这个小孩！"

爸爸一听，本来就憋着满肚的怨愤，这时，更是怒不可遏："你有能耐，就自己解决，不能，就少说废话！"

看着既幼稚又倔强的女儿，母亲耐着性子，劝道："我的傻闺女呀，你没有听医生讲吗？只能生下来，不然，你会有生命危险的！爸妈做出这样的决定，是想来想去最好的选择。况且，我们暗地也打听清楚了，高家为人还不错，是个过日子的人家，你想想，爸妈会害你吗？"

尽管一千个一万个不愿意，在父母的强行安排下，小容还是两眼含泪勉强点了头。

很快，家人背着学校和街坊邻居，在老家为高峻和小容举办了"婚礼"。

就这样，一个初中小女生，在还没有学好生理卫生课的情况下，就和一个正在上高中的男生，稀里糊涂组成了一个新家庭。

为避免周围人说闲话，高家人把小容送到乡下一个亲戚家里，每天把她伺候得舒舒服服，什么也不让她做，还时常从市区送去营养食品，确保胎儿健康，大人不遭罪。而高峻举办过婚礼后，耐不住乡下的寂寞，就编造理由回到学校，每天没心没肺的，还是嬉笑打闹，心里一点也没装事。

小容在城市待惯了，时间一长，也受不了乡村生活的那份单调。

村里的人，上学的上学，出外打工的打工，每天大街上坐着的都是一脸皱纹的老太太，小容和她们当然没有共同的话题，她感到想找个伴好难。对小容来说，等待分娩的日子，没有一丝做母亲的喜悦，没有一点新婚的甜蜜，所以，情绪时常很不稳定。

3个月后的一天，小容在乡村产下一个男婴。两家人看着虎头虎脑模样可爱的孩子，爱不释手，兴奋异常，一切不快和尴尬随风而去。大家都把这个男婴当作了宝，不是亲就是逗，个个神采飞扬，喜出望外。

与家人心境迥异的，是神情落寞的小容。未生产前，高家人对她体贴呵护，无微不至，连每顿饭都考虑如何营养丰富，确保胎儿健康，每走步路总担心有什么闪失，对她小心翼翼，谨小慎微。产下男婴了，大家一下子把注意力全部倾注在孩子身上，似乎她完成使命后就不再重要了。

没有人来安慰她，没有人去体察她那份辛酸。

小容从一个中学女生，突然间摇身一变，成了一个母亲，她很不适应这样快节奏的角色转换。她好茫然，不知所措，谁能用春风和细雨来滋润她干涸的心田？

高峻没有一点做了父亲的模样，依然贪吃贪睡，在外疯玩。他还需要别人的照顾，还需要家人的呵护，还需要大人的指点，所以，他没有能力也没有心思去给小容以关爱和温暖，更别提照顾小容了。

男婴生性好动，又爱哭闹，15岁的小容哪里这样照顾过人，所以，每当这时，小容就心烦意乱，烦躁不安，不知道如何是好。尤其是夜深人静，孩子哭闹不止，白天就精疲力竭的小容，此时睡意正浓，实在受不了那份折腾。

一日深夜，孩子又哭闹不休，小容怎么哄劝，都无济于事，她实在被闹得疲乏了，就干脆不管不顾，自己扭头睡去，任孩子哭吵。

孩子的吵闹声惊醒了隔壁的婆婆。婆婆披衣来到跟前，看到襁褓中的孙子小脸都哭得扭曲变形了，而小容还呼呼大睡，当即变了脸："孩子都哭成这样了，你还能睡着觉呀，哪有你这样做妈妈的！"

婆婆口不择言的一句训斥话，对正万般委屈的小容来说，无疑像一把刀，深深扎在她的心上。

和自己的同龄人比，现在他们都正在窗明几净的学校接受知识的沐浴，享受父母的庇护，而自己呢，竟然小小年龄就做了母亲，就要开始柴米油盐的主妇生活，开始相夫教子，照顾下一代。再也不能像从前那样，在父母跟前撒娇，在同学、朋友面前疯闹，在恋人面前嗲声嗲气地任性，难道现在的一切，就是今后生活的全部？

孩子满月后，两家大人都恢复了正常的生活，开始各自继续忙于生计，留下小容回到市区家里，做一个全职的母亲。

家人让小容辍了学，一门心思照看孩子。

而小孩呢，依然特别爱哭爱闹，很不叫小容省心。高峻不好意思再上学，但又不想每天待在家，不管父母怎样阻止，最后还是到江苏常州一家电子仪器公司打工去了。

谁也没有仔细观察过小容的感情变化，周围人也没有耐心去体察她心情的阴郁，大家好像都很忙，只留下小容在懊恼悔恨。孩子每一次哭闹，对她来说更增添了一份厌烦。

每当半夜孩子又哭又闹时，小容觉得自己简直心身俱焚！她觉得自己正处在人生的岔道口，没有一个人理解她的苦楚和无望，就连怀中的孩子，似乎也在捉弄自己，和自己作对。

本来，她还想上大学，还想通过考试，去寻找自己喜欢的工作，还想真真正正地谈一场刻骨铭心的恋爱，还想去享受无忧无虑的单身快乐生活，还有很多美好的生活去追求。而如今，因为有了怀中这个孩子，她断送了青春，断送了学业，断送了本属于自己的美好未来。

她恨自己，恨高峻，恨父母，恨周围的人，更恨这个不该出生的孩子！

（三）

这一天中午，小容大惊失色地打电话给公婆和父母，说孩子不见啦！

这还了得！怎么能让孩子丢了啊！

据小容讲，当日早上 10 点多钟，她在家实在无聊，就抱着孩子下了楼，来到公园走走。中间内急，她就准备到卫生间小解，请一个中年阿姨帮忙先抱一下孩子，结果从卫生间出来，却发现孩子和那个阿姨都没有了影踪，她慌忙四处寻找，再也难以找到小孩。

心急如焚的双方父母，一下子慌了神色，急忙拨打 110 报了案。

警察根据提供的线索，火速进行查办，不到 48 个小时，终于在临近一个县的农村，找到丢失的小孩。最后追查的结果，孩子竟然是小容故意遗弃的！

原来，小容把孩子当作了自己人生的羁绊。为摆脱这种桎梏，渴望重新回到浪漫的少女时代的她苦思冥想，认为给自己最好的解脱，就是把孩子送人！

她知道，公婆和父母绝对不会同意，就决定自己偷偷进行。

她趁婆家人都出门的机会，故作轻松地出门转悠，坐上城市公交车，来到人来车往的省道，乘机把孩子放到一个显眼的地方，撒腿就走。本以为编造谎言能瞒过家人，谁知道警方不但火速破了案，又把孩子完璧归赵。

这桩因早恋导致的荒诞剧，虽然只是个案，却给正在长身体的少男少女以及关爱孩子成长的人们以警示。

现在的孩子，受诸多因素影响，身心越来越早熟，因此出现许多早恋情况也不足为奇。

我们无权干涉他人成长中的情感萌生，只是从过来人的角度，想告诉孩子们，早恋对心智还不那么成熟的少男少女有什么危害？如果真的开始早恋，又应该怎么办？

中学生早恋，究竟有什么危害呢？

1. 耽误正常学业

中学生正处于长身体长知识的时期，一旦早恋，就会占用大量的学习时间，容易分神，很难集中精力。加上学业繁重，思想稍微放松，就会导致各门功课成绩下滑，一步跟不上，步步跟不上，甚至毕不了业。

2. 诱发心理问题

少男少女在学校阶段，不但需要不断接受知识滋养，而且身心的成长也需要健康向上。正是因为中学生在心理上还未达到完全成熟的状态，早恋过程若遇到一些刺激，如吵架、打闹、纠纷、分手等，极有可能诱发自身心理问题。心理问题若产生，并且没有及时解决，极易引发诸多负面问题。

3. 影响身体健康

中学生正处于身体发育阶段，在这个敏感的时期，倘若处理不好早恋问题，身体最容易受到伤害。尤其是女生，背负的健康问题更多，甚至影响一生，说它一失足成千古恨，一点也不为过。

4. 增加经济负担

早恋，需要时间，需要经济基础，而少男少女在学校期间，经济不独立，自身又没有收入，两人的来往所产生的费用，也是一笔不菲的开支。这样一来，无论男女，都需要向父母伸手要钱，时间一长，无疑是一种负担。

5. 早恋缺乏稳定

这个时期，一个人的三观还在形成阶段，处于不稳定状态，加上未来的爱好、升学、走向等不确定性，所以，随着不可回避的现实问题出现，恋情往往以失败告终。故早恋充满不稳定性。

6. 容易滋生犯罪

早恋的少男少女，在坠入爱河的过程中，容易受虚荣心的驱使，讲面子，摆阔气，争强好胜等。有的中学生为此迷失做人的方向，眼里只有对方，没有家人，没有社会，很容易活在两人的世界。在此期间，容易为幼稚的情冒险，为所谓的爱情打架。严重的，为博取对方的好感，不惜铤而走险，很容易产生犯罪行为。

对于孩子早恋问题，作为一个明智的家长，最重要的是拿出时间，要有点耐心，不要大惊小怪，真正去重视爱的教育——不仅仅是让孩子懂得什么是真正的爱，还要让他们在懂得真爱的过程中，逐渐成长为一个对自己、对他人负责的人，一个有理想、有远大抱负的人，一个懂得取舍、善于进退的人。只有真心懂得爱情，才会知道这个时期，什么是自己最重要的东西，什么是自己最渴求的结果，什么是自己最需要的目标。

小贴士：当你发现孩子开始频繁和异性交往时，你如何去表达你的态度？

第四辑　成长"心"流向

在每个人的内心深处，住着两只羊。

一只代表阳光、向善、奋进、真诚等，一只代表阴暗、无情、消极、虚伪等。

一直以来，两只羊都在撕咬、扭打，争得你死我活。

"谁是最后的赢家？"

"我们每天喂养哪一只，哪一只就是赢家。"

十　冷漠源自生命的游戏

当办案检察官，把这桩案卷交给我，并且和我深谈以后，我又深入案发地进行实地了解，最后感受特别强烈，总觉得如鲠在喉，不吐不快！这是一桩杀人案，主要涉及一位花季女孩，她因沉湎于网络游戏，最后竟将网络中的杀戮"克隆"到生活中，上演了一场冷漠可怕的现实版"杀人游戏"。

（一）

晶晶是个农家女孩，出生于在河南省郑州市郊区。

迫于生计，晶晶的父母双双出门打工。为方便照顾女儿，大人几经权衡，初中没毕业的晶晶就随着打零工的父母，来到有着云台山美景的豫西北焦作市，开始过着一种漂泊的生活。

晶晶本应和同龄人一样，无忧无虑地拿着课本，快乐地攀登知识的山峰，享受着阳光般美好的校园生活。然而，她却因为命运的捉弄和安排，每天孤零零地站在自己临时住家的门口，万般羡慕地看着路上上学的同学，从自己身边像小鸟一样欢快而过。

其实，她挺渴望背着书包上学的，为此，她曾经在父母面前哭过闹过，但整日疲于为生活忙碌的双亲，也只能面对严酷的现实长吁短叹，无可奈何。为人父母的，谁不想让自己的爱女从小沐浴知识的阳光，接受正规的教育?! 他们虽然住在这个城市，但一没正式户口，二没固定住房，每日吃了上顿，还要为下顿寻思，平时连个小病小灾也担待不起，真正是城市的"漂族"。对贫寒的家庭来说，为一个长大就要嫁为人妇的女儿花费巨资供其完成学业，无疑是一种奢望。

在父母叹息声中渐渐成长的晶晶，在不能享受书香的日子，到小饭店帮人端过盘洗过碗，去小卖部看过摊打过杂，进理发店当过学徒扫过地，在批发部推销过酒进过烟。她年龄不大，就早已开始进入成人的世界，也正因为如此，晶晶变得比同龄人更成熟世故。

生活的环境，决定了她结交朋友的范围。晶晶的父母一天到晚都很忙，即使夜里回到家里，繁重的劳动压力已让他们身心疲惫，自然没有精力关注女儿的喜怒哀乐。晶晶根本无法到父母那里去倾诉自己的所思所想。处在青春期、渴望交往、渴望快乐的晶晶，本该在校园获取友谊，在读书学习中得到乐趣，可现在只能过早地周旋在复杂的成人社会。晶晶逐渐和很多以她的年龄根本读不懂的人接触，和一些像她一样过早走出校园的同龄人做朋友。然而在慢慢和晶晶走近的朋友中，不少是令人担忧的"问题女孩"，缺乏辨别力的晶晶，又难以抵挡这种命运的安排。闲暇的时光，她们在一起笑一起闹，一起打发寂寞无聊的日子。

和晶晶走得最近的女伴中，有吴丽丽、田云匀、柳之香等人，而这几个同她特别要好的朋友，都还是未成年人。她们都是没有完成学业就踏入了社会，阅历复杂，又没有固定职业和稳定收入，成年累月像浮萍一样，这个地方做一段工，那个地方打一时杂。在这个既熟悉又陌生的城市，她们很快学会了上网、蹦迪、酗酒、抽烟等，用于填充无聊的光阴，宣泄自身的困惑。在周围人的眼中，她们"大错误不犯，小错误不断，气死公安，难倒法院"，是一些令人头疼的问题少女。

在没有老师教诲、父母无暇关注的日子里，晶晶就像一棵在野地里疯长的小草，扭曲变形地成长。她虽是女孩，却有着小男孩的野气。时常，晶晶要和一帮哥们儿姐们儿，瞒着家人，蹦迪玩到深更半夜，然后跑到小饭店，抽烟喝酒，装疯卖傻瞎胡闹。

晶晶最喜欢没事的时候到网吧玩游戏，有时高兴了坚持一两个通宵，不想回家就住到朋友家里，整日忙于生计的父母偶尔问起来，同伴就千方百计打掩护，轻而易举就把事情瞒过。一些不三不四的男人，见晶晶一帮小姐妹青春、叛逆，为人行事玩世不恭，就经常色迷迷地寻找机会，千方百计对这些女孩套近乎占便宜。她们经过太多的历练，变得相当油滑和实际，可以在很多年龄与她们父辈相当的不良男人面前，撒娇发嗲，有时甚至牺牲色相，从这些男人那里得到经济等方面的满足。她们的青春，就是这样踏着疯狂的旋律，忘乎所以，一步步滑向深渊。

（二）

个人生活的放纵，必然带来令人难堪的后果。

秋日的一天，晶晶感到这段时间里下身有种说不出的难受，她悄悄地把自己的苦恼，说给了最要好的两个女伴吴丽丽、田云匀。听了晶晶的抱怨，比她更有"阅历"的吴丽丽，觉得问题严重，就问究竟是哪个男人造的孽，把事情搞到这样的地步。晶晶和几个异性有关系，一时也说不出个所以然。没办法，她们经过一番商量，怕在本地被人发现，就瞒着父母和熟人，向外人撒了一个谎，到郑州一家医院进行彻底的检查。

不查不知道，一查吓一跳。医院诊断结果出来了，晶晶小小年纪居然患上了性病！发现自己得了这种说不出口的病，她一下子目瞪口呆，脑子里一片空白，瘫坐在医院的座椅上，不知如何是好。这种病的治疗，不但需要时间，还要花费不少钱。依晶晶个人的经济能力，是无法支付这笔开支的，向父母那里去要，既是她不敢为的，也是她打死不愿为的。

看到晶晶手足无措，一向豪爽的吴丽丽从自己的口袋中掏出钱，先给她垫付医药费，及时替她解了燃眉之急。以后的日子，吴丽丽又带着她找到一个熟人医生，一边帮助晶晶看病，一边由吴丽丽出面，把晶晶吃药打针的钱，全部记在自己的名下。对此，晶晶很是感激，表示用不了多长时间，就会把欠下的1900多元如数还上。

然而，时间过去了好久，晶晶也没有一点还钱的意思。吴丽丽不由得着急起来。在晶晶看病无钱时，是她在熟人面前大包大揽，如今，却是这样一种情况，吴丽丽自觉脸面无光，就多次找晶晶催要。

开始的时候，出于平时的姐妹情谊，吴丽丽尽管内心有火，但还是忍着，和晶晶说话不轻不重地，尽量不伤和气。可一连跑了好多趟无果后，吴丽丽自然心急上火，脸色慢慢变得难看，说话也不再那么客气。

有一次，吴丽丽实在被逼急了，就指着晶晶的鼻子臭骂了一通，限定时间让晶晶必须把钱还上，还威胁晶晶说如不照办，就把她患性病的不光彩事直接告诉晶晶的父母。

本来，欠债还钱是天经地义的事，况且又是朋友在自己最困难的时候帮的忙，可是，在吴丽丽步步紧逼下，晶晶不从自己这方面反省，反而把怨气撒在朋友绝情绝义的话上。她特别担心吴丽丽真的把自己患病的事告诉父母，那样，晶晶实在无地自容。她心里一害怕，不由得乱了方寸。

那段时间，她正迷恋上一个游戏，名字叫《天黑请闭眼》。据此款游戏介绍，这是一个锻炼表达能力、判断力、观察力、思维能力和表演能力的游戏。每一个曾经参与游戏的人都会被它深深地吸引，晶晶也不例外。

网络世界外的晶晶，四处找熟人借钱，但每次都无功而返，毫无收获。无计可施的她，沉浸在网络游戏中。然而，一回到现实，她又一筹莫展，有时候分不清楚网络世界和现实生活，正在这个时候，她忽然想起了一个叫栗惊堂的中年男人来。

这个叫栗惊堂的男人 40 岁，是一个经营批发生意的个体户，平日和晶晶的父母来往密切，也正因为有了这层关系，晶晶曾在他的商店帮忙推销过啤酒。

就是这样一位按照年龄晶晶应该叫他叔的男子，一直以来对可以做自己女儿的晶晶心怀歹意。年前晶晶在他店里帮工时，他就时常在无人的时候对晶晶动手动脚，但晶晶对他没有一点好感，只是与他逢场作戏，始终没让他"美梦成真"。因此，把晶晶据为自己的囊中之物，成了这个色鬼的心结。

晶晶找到栗惊堂，充满柔情地撒了一回娇，然后趁他心猿意马的时候，就提出借钱的请求。

别看栗惊堂是个小老板，可平时老婆管得严，即使到外面买盒烟，也要向当家的报告。现在一听说晶晶要借 1000 多元钱，他头摇得像个拨浪鼓，可又不愿放弃讨好的机会，便积极和晶晶一道，商量对策想办法。

时间过去没有多久，吴丽丽开始向晶晶发出最后通牒，要求她必须在 10 天内把钱归还，不然后果自负。晶晶了解吴丽丽的脾气，心里更加着急。她又一次找到栗惊堂，把问题的严重性告诉了他。商量的结果是他们决定干脆把吴丽丽"干掉"，省得她让人心烦，心里堵得慌！

那年 11 月 21 日下午，晶晶假惺惺地把吴丽丽约到自己家租住的地下室，然后借机溜出来，用公用电话给栗惊堂报了消息。等来到晶晶家看到吴丽丽时，栗惊堂却怎么也下不去手，结果第一次犯罪没有得逞。第二天，晶晶再次把栗惊堂约出来，给他鼓气加油，以解除栗惊堂的后顾之忧。

第二日下午，晶晶把吴丽丽又一次骗到家中，接着通知栗惊堂来。为给他点"甜头"，晶晶与栗惊堂在卧室里一番亲热，然后二人一起走向另一间卧室，把罪恶的黑手伸向正在熟睡的好友。

（三）

这是一起典型的故意杀人案件。对一些案情细节的展示，也许更能触动我们内心深处的东西。

当栗惊堂猛然扑向正在床上睡觉的吴丽丽，双手死死地卡住她的脖子时，遭到了吴丽丽的奋力反抗。晶晶牙一咬，随手拿起房间的一个空酒瓶，眼一闭说了声："吴姐，小妹对不起了！"就抄起酒瓶奋力朝吴丽丽头上砸去，吴丽丽一时血流如注，失去知觉。等栗惊堂把吴丽丽杀害后，两个人就把吴丽丽的尸体藏到晶晶卧室床下。然后稳定了一下情绪，装作没事人一样，走出家门各干各事了。

为了掩人耳目，晶晶故意找到平时几个要好的小姐妹，如此这般表演一番，千方百计给外人制造假象，她甚至主动找到和吴丽丽关系暧昧的男性朋友，谎称吴丽丽最近心情不好，给自己透露想出远门，等等。

尸体在家里藏了三天后，晶晶突然听说父母在外经营的食堂要关门，当晚就要回家里来住。她一下慌了神，马上和栗惊堂联系，在当晚父母没到家之前，慌里慌张地在夜黑的时候，和栗惊堂一道，用一辆摩托车，把吴丽丽的尸体转移了出去。栗惊堂在前面骑车，晶晶大着胆坐在后面抱着尸体，可能是时间有些长了，尸体的腿特别僵硬，她就用自己的腿别着，一直坚持到把尸体扔到北山废弃的井里。

他们抛尸后第三天就被人发现。担心罪行败露，两个人当天迅即走上了逃亡之路。也就是在逃亡的第一天夜里，栗惊堂才在亡命天涯的惊恐中，第一次和自己梦寐多年的女人交媾了。可付出的代价，是他做梦也没有想到的。

晶晶和栗惊堂一路仓皇而逃，山东、湖北、湖南、广东，最终也没逃脱法律的制裁，被神勇的公安干警缉拿归案。让人不寒而栗的是，在面对公安干警的多次审讯时，晶晶居然没有一点悔罪的表现，把杀死同伴多次说成是"把她干掉了"，平静得就像自己刚刚在一场网络游戏上"干掉"了虚拟的敌人，没有一点惊慌，没有一点内疚。办案检察官惊异于她的冷漠，在提审时多次提示她，她杀害的是自己好友的一条生命时，晶晶还是满不在乎地嘟囔："干掉就干掉了，有什么办法……"

令人不寒而栗的是，一个正值花样年华的姑娘，无论在作案前还是杀人过程中，或者是在面对办案检察官时，也都一脸处之泰然。别人的生命于她而言是一个词语，甚至只是符号而已。在供述自己犯罪的事实时，晶晶就像在讲述一件和自己毫不相关的事，这不能不令人惊讶。

据晶晶讲，她周围的同龄人，很少有没玩过游戏机的。她们酷爱玩充满杀人乐趣的游戏。里面，到处都有那种超人式的壮汉。杀人狂往往就是她们心目中的"英雄"，她们在游戏中不断杀死自己的对手，而且是自己操作，并在不断的"杀人"中取得快感。

从虚拟到现实，你能指望一个杀人狂的"粉丝"，在鲜活的生命面前保持一份敬畏吗？

写到这个真实的案件故事，再联想到最近我了解的几起未成年人刑事犯罪案例，从中暴露出一个最突出的问题，就是少数青少年作案时候的冷漠与残暴，到了令人震惊和瞠目结舌的地步。

结合不少活生生的例子，可以说，一些花季少男少女过早地"凋零"，与网络游戏中的暴力文化在青少年群体中的流行不无关系，这个问题不能不引起我们的高度警惕。

随着互联网的广泛应用，一些青少年由于缺乏学习动力，不求上进，爱好单一，没有辨别能力，很容易沉迷于网络游戏。在这些逃脱监管的游戏中充斥着无底线、无操守、无管束的内容。有些游戏设计公司为迎合人性的低俗需求，什么刺激设计什么，什么能挣钱生产什么，于是，以"黑帮""江湖""教父"等血腥厮杀为主要题材的游戏，偷偷在地下流行，用突出表现打、杀、抢、骗等反社会行为来吸金，用疯狂的游戏方式诱惑涉世未深的少男少女，严重威胁、扭曲主流道德与法治，严重侵蚀了青少年的灵魂。

我曾结识一位资深的游戏玩家，谈起网络游戏，他津津乐道，口若悬河。他神秘地透露，网络游戏也是一个"江湖"，不少玩家在其中也拉帮结派，另立山头，形成行会，通过网络上的暴力抢夺地盘圈地为王，甚至发生行会间的厮杀。他的话，听得人毛骨悚然，不寒而栗。

无论怎么讲，倘若青少年沉迷网络游戏不能自拔，时间长了，特别容易形成惯性思维，从而丧失人性，自私冷漠，藐视活生生的生命。再加上他们普遍法治意识淡薄，很容易成为脱缰的野马、失控的列车，迟早会走向毁灭，并且贻害社会，伤及无辜。

无疑，网游游戏暴力文化是荼毒青少年的精神毒剂，是戕害青少年身心健康的罪魁祸首，也是影响社会安定的因素。

　　我们全社会要正确认识暴力文化的泛滥，积极构筑青少年面对暴力文化冲击的"防火墙"，把解决网络游戏、电影电视作品中的暴力内容对青少年心理健康的毒害和侵蚀问题真正提高到政治层面，并采取相应措施，在具体操作层面抓好抓实。青少年的成长，不仅需要良好的家庭教育、校园环境，还需要良好的社会环境。要把加强社会综合治理和文化建设当作重中之重，坚决抵制各种腐朽文化和暴力文化对青少年的毒害。

　　要把目光盯紧在加强社区建设上，积极创造有利于青少年健康成长的家庭、邻里和学校环境。文化艺术部门和大众传播媒介要切实担负使命，必须以健康向上、具有艺术魅力的精神产品教育青少年。文化主管部门要切实加强对大众传媒的监管，切实构筑起保护儿童心理健康成长的"防火墙"和"过滤网"。

　　教育部门要勇担重责，利用自身优势，不断提高在校青少年学生的辨别能力和自我保护能力，防患于未然，正确引导青少年逐渐认识暴力文化之危害，减少其接触暴力文化的可能性。全社会多方联动，上下协调，资源整合，统一行动，建立预防机制和及时救助机制，积极消除暴力文化的负面影响；上下一心，堵塞漏洞，将诱发青少年犯罪的可能性减少到最低程度，努力给青少年的成长营造一个风清气正的健康环境。

　　小贴士：一想到为人父母可以不经过考试就直接上岗，你是否觉得有些恐慌？

十一　无知出自贫瘠

（一）

在开始这个真实故事前，我想先简单介绍一下当事人的情况。

女生俞迦出生在一个普通职工家庭。小人物生活的不易和艰难，使饱经生活磨砺的父母在她身上倾注了过多的希冀与心血。然而事与愿违，俞迦初中毕业后，只考上了一所普通高中，这让望女成凤的父母非常失望。

枯燥的学习，分数的压力，让俞迦一步步产生厌学情绪。高一下半年，在身边"问题同学"的鼓动引领下，俞迦开始背着老师和家长偷偷地出入迪厅、溜冰场等社会娱乐场所。

随着出入这些地方次数的增多，俞迦的心变得越来越野，逃学成了她的"家常便饭"。

父母发觉后，先是苦口婆心地规劝，继而责怪打骂，严加看管。开始，她还有所收敛，时间长了，就变着法儿与父母捉迷藏。伤心透顶的家长，索性睁一只眼闭一只眼，只希望她能混个高中文凭就谢天谢地了。

那年 5 月的一天夜里，俞迦又逃学溜到市内一家迪厅玩耍。闪烁的灯光下，她看到一位身材高挑的男生，随着快节奏的旋律忘情地扭动着身体，在俞迦眼里，他的舞姿简直太帅了。三言两语，他俩很快熟络起来。

再介绍一下这名男生。他叫艾都，和俞迦同龄，原先是她邻校的学生，一年前因不堪校园生活之苦，辍学在社会上混。接触中，俞迦觉得艾都很有点"哥们儿气"，特别会玩，对人挺够意思的，很有耐心，还包容她的任性，随着接触时间的增多，慢慢地就对他有了一种依恋。

当月的一天夜里，艾都带着俞迦在溜冰场疯玩了半夜之后，就去地摊吃夜宵。或许是兴奋，他们都喝了不少啤酒，借着酒性，两个躁动的青年开始不安分起来。艾都巧言令色，用尽心思，最后领着俞迦到一家小旅社开下房间。那晚，他俩逾越雷池，有了第一次亲密接触。

打那以后，俞迦常常从学校里溜出来，时常傍着艾都逛商场、泡迪厅、轧马路、看电影、去网吧聊天。两人为了长相厮守，商量来商量去，索性在郊区租了一间民房，像模像样地过起了小日子。俞迦怕爸妈问罪，就向家里谎称学业紧，住校更方便些，轻而易举地瞒过了家人。

9 月，俞迦的父母给了她 1000 元钱准备交学费。两人拿到钱，没有多想，就到了一家高档饭店挥霍一顿，接着又进商场，挑选了两套满意的名牌服装。

等到开学时，手里仅剩了几十元钱，这时候她害怕起来，二人商量了一夜，索性瞒着家人不上学了。

（二）

在无所事事的日子，百无聊赖的俞迦渐渐迷上网上聊天。她取了一个"驿路梨花"的网名开始聊天，虚拟世界热烈得有些混乱的气氛让她倍感新鲜刺激。

结识"忍者龟"极其偶然。

那天夜里，她在网上发现这个怪名，觉得挺逗的，就把眼光投向了他。

俞迦主动上前招呼："喂，老兄，怎么犹抱琵琶半遮面？""忍者龟"说："别来惹我，我不是你感兴趣的人。"

俞迦大跌眼镜，咦，居然有人这么对自己说话，不管三七二十一就想一棒子把人打走。她心有不甘："你怎么知道你不是我感兴趣的人？弱水三千就全在你这一瓢了！""驿路梨花"和"忍者龟"你一言我一语，斗嘴打闹。不知不觉三个小时过去了，他们也成为谈得来的朋友了。

其实，"忍者龟"的真名叫胡查，时年19岁，刚从学校走向社会，一时还没有找到工作。父亲是一名商人，家里不愁吃不愁穿，也就没为他的生计着急，由他在家里闲着。听说现在上网很时髦，胡查有事没事地整日泡在网吧，在上面找乐子。

自从结识"驿路梨花"，胡查简直把网吧当成了自己的家。一有"驿路梨花"的彩色头像出现，他就主动出击，眨着眼睛给她编故事，当然是最容易赢得眼泪的爱情悲剧。他知道，这只不过是一场虚拟游戏，于是煞有介事，想方设法击中她的心房。

两个懵懂男女开始像模像样地谈情说爱，最终忍不住找理由想见上一面。次年 4 月 26 日晚，两人约定，在市一马路交叉口不见不散。

一见面，胡查觉得眼前突然明媚了。

俞迦姣好的容颜、修长的身段，使得初次相见的胡查眼前一亮。胡查主动和她散步、交流，累了就坐到偏僻处小憩。

倘若网上的胡查是闹着玩的话，真正面对俞迦时，他确实是动了真心。他害怕爱情会从身边溜走，就急切地向她表明自身的优势，炫耀家境的殷实，偶尔还把带在身上的名牌手机拿出来炫耀一番。无人处，胡查竟情不自禁地搂住俞迦，想送去一个热吻，却被她巧妙地躲开了。就在他词不达意地解释时，俞迦的手机响了。看完上面的留言，她慌忙收拾一下就走了。

信息是艾都发来的，他急着把俞迦喊回，是因为最近手头紧，房东又急着催要租金，心中没辙。听完俞迦对胡查的描述，特别是听说那小子很有钱后，艾都紧锁的双眉渐渐舒展开来。

（三）

胡查和俞迦分手回到家，后悔不迭，直怨自己心急没吃成热豆腐，让到手的俞迦飞走了。正当他烦恼不已时，俞迦打来了电话。电话中，俞迦就自己突然离开一事温柔地说了一番道歉话，喜得胡查声音差点没变调。结束通话时，两人又约定晚上在体育馆门前见面。

和第一次见面有所不同的是，俞迦变得心不在焉，一副忧心忡忡的样子。胡查问她，她欲言又止，问急了，她才道出原委。俞迦告诉他，那晚的信息是妈妈发来的，说父亲生病住院了，需要一大笔费用，可自己家里条件不是很好。说罢，竟伤心地啜泣起来。停了一会儿，俞迦强颜欢笑地看了一眼胡查，低低地说："其实我本不该讲这些的。我们刚刚认识，谈这事徒生烦恼。"

也不知是激起了胡查哪根神经，他一下子热血涌上头顶，十分豪气地安慰俞迦："别怕，我从家里拿些钱来给你缓缓急。"听了此话，俞迦显得很不安："不行不行，哪能收你的钱?"胡查显出特别生气的样子："迦，是朋友，就让我管一回吧!"那晚，他们再谈起别的话题，就轻松多了。

胡查果不食言，只隔了一天，就不知用什么方法从家里取出了4000元钱。艾都和俞迦拿着轻易得手的票子，兴奋得手舞足蹈。两人还了欠的租金就逛商场、进饭店，着实风光快活了几天。

5月3日那天，俞迦又约胡查到市公园"谈心"。不过这一次，根据艾都和鲍风等哥们儿的计谋，要来个"快刀斩乱麻"。

或许此次约会很特别，俞迦坐在胡查身边，心里跳得厉害，呼吸急促。不明就里的胡查，误以为她在害羞，就说些轻松的话题以打破尴尬。

就在两人甜言蜜语时，忽然，俞迦的手机信息提示音响了。她朝胡查微笑了一下："啊，我的手机没有电了!"然后，很自然地接过胡查递过来的手机，一边拨号，一边起身走向一旁。显然，她要说的话不想让胡查听到。胡查也很知趣，没再追问什么。

俞迦时不时紧张地看一眼不远处的胡查，神神秘秘的。一会儿，俞迦又走了过来，温柔地说："这里路灯太亮了，没有气氛，咱们换个环境吧!"

说完，她极热情地拉着胡查的手，来到公园湖边的土山上，在一片树林深处坐下，继续着两人的甜蜜。

两人谈情的地方十分偏僻，四周静悄悄的，只听到风儿在响。

忽然，黑暗中响起一声断喝："喂，你们在干什么?"紧接着两个黑影从天而降，不由分说，粗暴地扯起不知所措的胡查。

不用问，这两个黑影是艾都和他的"铁哥们儿"鲍风。黑暗中，艾都怒火万丈："好大的胆子，竟敢勾引我的女朋友！"醒悟过来的胡查刚想分辩什么，却见俞迦已站到对方身边，低着头小声地哭泣，一副很委屈很痛苦的样子。

胡查还没张口就猛遭一阵拳脚。撕扯扭打中，他的衣服被扯烂了，头也破了，等他跪地求饶，对方才骂骂咧咧停住了手。最后，二人非让他拿出 5000 元"青春损失费"才肯罢休。为了不吃眼前亏，胡查答应 10 日内悉数奉送。

出了恶气后，艾都还不肯罢休，又抢走了胡查身上的 200 元现金和那部手机，然后挽着俞迦匆匆消失在茫茫夜色中。

惊魂未定的胡查拖着伤痕累累的身体回到家，不得已把详细情况告诉家人。亲朋好友觉得事情蹊跷，迅速向警方报了案。

谁知，胡查只知道"驿路梨花"的网名，对其真实身份、家庭住址等一无所知。为查到俞迦所在位置，警方动用高科技手段，在网络上"守株待兔"。

终于，在俞迦再一次上网的时候，被警方查到 IP 地址。至此，俞迦、艾都、鲍风想赚大钱的"美梦"破灭了，等待他们的将是法律的严惩。

值得一提的是，艾都、俞迦、鲍风三人因敲诈勒索、抢劫等犯事后，忙于生计的俞迦父母才得知女儿早已逃学。而身遭羁押的俞迦，因和艾都同居期间身怀有孕而被取保候审，面临一种尴尬难堪的两难选择。

此案发生后，身边的人唏嘘不已。俞迦从花季少女到网络骗子，除了她自身的原因外，也给我们留下了思索的空间：如果忙于生计的父母能及早发现女儿逃学，如果学校的老师能及时与家长沟通，如果房东对两个孩子的同居多一点儿责任心，如果……遗憾的是，现实是残酷的，没有那么多的如果。

（四）

本来，这个故事讲到这里，就要告一段落。然而，当我把这则案例，讲给我们检察院负责未成年人犯罪预防的检察官时，她心情沉重地把几本涉及未成年人的案卷放到我的案头，我不由得心一紧，这可是发生在同一时期的几起少女辍学事件啊！

从这几个案例来看，她们在校期间，都缺乏家庭管教，对学习缺乏动力，成绩一般。而当她们走入社会，由于思想单纯，文化素质低，见识少，对人少有戒心，因为自己的无知和少女的虚荣心，被一些不法之人盯上，在充满诱惑的生活面前，用无知编织着一个个不切实际的童话。我们且不说辍学对这些女孩来说有多不应该，仅仅那些触目惊心的对女孩的伤害，就该给家长和辍学女孩敲响警钟。限于篇幅，我只讲三个案件。

案例一：秀有高高的个头，圆圆的脸蛋，大大的眼睛，是小村里数一数二的漂亮姑娘。只可惜，她家庭境况不好，兄妹又多，日子过得很艰难。秀一天天长大，从母亲常年倦怠的目光中，似乎读懂这样一个道理：女人婚姻的质量，决定着她一生的幸福。

刚上高中没有一年时间，她不听亲人、老师的规劝，执意辍学回家。尽管只有 17 岁，可提亲说媒的人络绎不绝，她都毫不客气地予以拒绝。小小年龄的她有自己的梦，梦里她偎依在有钱男人的肩膀，出则豪车，入则漂亮洋气的小别墅，每日走在大街上，背后有无数艳羡的目光。

一年秋天的一个中午，秀无聊地在家门口闲坐，遇到一位收药材的中年妇女，见秀呆呆的样子，一脸春风的中年妇女热心地停下来和她闲聊。在拉家常中，中年妇女摸透秀的心思后，先是好一阵恭维，哄得秀心花怒放，随后又大包大揽要为她物色"对象"。没过几日，这位妇女果不食言，兴冲冲地把秀喊到一旁，如此这般地说了一番。秀兴奋得不得了，完全没有多想这好事怎会来得如此突然和容易。她回家精心打扮了一番，向老实巴交的父母撒了个谎，就急匆匆随中年妇女去了县城。她要给父母一个惊喜，给小村一个惊喜：秀真是神气，嫁了个叫人羡慕的好人家！

来到中年妇女在县城的家，已是下午4点左右，秀坐在屋中，内心一阵紧张和喜悦。可等来等去，就是不见相亲人的影儿。就这样，秀在中年妇女的宽慰下，晚上就在那里住了下来。然而秀做梦也没有想到，她刚刚脱衣上床，屋门突然打开，她还没有醒悟过来，就闯进三个大汉，往她嘴里塞进棉花，把她装进一个大麻袋中。就这样，中年妇女以4000元的价格，把秀卖到300公里外的一个山村农家。她哭泣求饶，但壮汉全然不听。可怜如花似玉的姑娘，整整被折磨蹂躏了两个多月，最后，她带着屈辱的身孕，才乘机脱离虎口。

案例二：梅坐在去县城的公共汽车上，满腹心事写在脸上。

初中辍学回家后，她一直在那个小天地里迷茫不已，每次看到在外面上班回来的邻居大姐姐大哥哥们那副神气劲儿，梅都有一种说不出的羡慕。她父母都是农民，自己学历太低，家里又没有门路，工资高效益好的工厂大门自然难以迈进。她想，如果能结识个门路广、有点关系的人，该多好！

在车上和梅坐在一起的，是一个衣着得体、看起来挺斯文的30岁出头的男人。刚开始，他并没有引起梅的注意，只是公共汽车在猛拐弯时，梅光顾着深思，不慎撞在玻璃窗上，男人轻声问"疼不疼"，梅开始对这个男子产生好感。于是，二人开始攀谈，谈着谈着，梅流露了自己的心迹。

那男人自称是南方某公司的业务经理，说这次是到北方来谈生意的。随后，又天南海北吹一通，梅越听越着迷，越听越上瘾。以至于公共汽车已到县城，她仍舍不得离开那男人。那男人倒挺大方，领着梅走进一家豪华饭店。在饭桌上，那男人有意无意地透露，公司要在北方招收打工人员，月薪 2000 元，梅像抓住了一根救命稻草，她认为自己决不能再失去难得的机会了。

男人看到她这么迫切，好像很为难，问梅愿不愿意随他到北方某地谈生意，先"实习实习"，将来回去也好适应工作。于是，梅没有多考虑就跟着这陌生男人去"实习"了。

原来，这男人是人贩子，在此之前，他已在河南拐骗了三名女青年。他有时冒充经理，有时冒充人事科长，专以"招工"为幌子，拐骗妇女，梅自然也是被他拐骗的一个，遭遇可想而知。等到她被以 10000 元的价格卖给山东一个丧偶的中年男子时，梅"找个好工作"的梦，被无情的现实击破了。

案例三：在生活的旅途，辍学回家的少女虹曾经有过一个海市蜃楼的梦境。在梦里，她腰缠万贯，一掷千金。

但那毕竟是梦，现实中的她，在初中即将毕业的时候，不顾父母的苦苦哀求，态度坚决地离开了学校，过早地走向社会。寻寻觅觅中，虹最后找了一份工作，在县城一家小厂做临时工，每月的工资买不了一件名牌时装。

一日夜里，虹被同伴推着走进舞厅，在装修豪华的舞厅，五彩的灯光令人陶醉，美妙的乐曲悠扬动听。同伴们异常兴奋，欢呼雀跃，不时在舞池中翩翩起舞。虹一人独坐厅内一角，"小姐，请跳一曲吧！"她回眸一望，一位穿着阔气的中年男子站在她眼前。虹一阵慌乱："不，我不会。"那人一脸微笑："没关系，我慢慢教你。"她迟疑一下，还是走进令人眼花缭乱的舞池。

在悠扬的乐曲中，虹在攀谈中得知，中年男子是个服装个体户，常年到武汉进货，买时装很方便。那个中年男人很殷勤地问这问那，询问虹要不要时装，虹低着头，脸红红的。年轻的姑娘谁不爱打扮？只可惜，一套时装那么贵，自己哪有钱买呀？中年男子似乎看出虹的心思，答应虹可以先不付钱，并要虹明晚在这家舞厅门前等他，他要拿套新款时装给她试试。

第二天，虹果然赴约，中年男人也没食言，给了她一套时髦服装，并催促她找了地方换上。穿着艳丽时装的虹，又步入灯光变幻的舞厅，看着周围羡慕的眼光，虹心中好一阵满足。这时，中年男人告诉虹，明天要到武汉进服装，她想去的话，可以一道去，并许诺给她包吃包喝，回来再给她一套时装。虹二话没说，欣然同意。

然而，中年男人并没有把虹带到武汉，而是在一个小站拉她下了车。他花言巧语把虹骗到一个山村，和两个陌生男人嘀咕了一阵，最后巧妙脱了身。付了钱的山区男人没等虹明白过来，就强暴了她。

不错，谁都有追求幸福的权利，然而幸福的获得，岂是轻而易举的事？过早辍学回家的少女一定要明白，生活中固然有突然降临的好运，但这毕竟带有极大的偶然性。幸福的生活要靠自己去创造，积极去争取，而不是拿青春赌明天。生活是实实在在的，我们不能奢望幸福会从天而降，而要脚踏实地地做人。不爱学习，远离知识，不学无术，贪图享乐，轻信陌生人，只会自酿苦酒给自己喝，自找痛苦让自己受。

诚然，骗子终有恶报时，而姑娘，你又泪向何处洒，苦对谁人诉？

本来，还有多则同类案例，限于篇幅，就不再列举了。可我觉得，关于辍学带来的诸多问题，必须引起家长和学校的足够重视，并努力找到解决问题的办法。

　　小贴士：在孩子面前，你们夫妻吵架有没有避讳？

十二 失守的"第一道防线"

(一)

这是一个真实的故事，只是隐去了当事者的姓名。

一切，还要从头说起。

在逍遥寨的村东头，住着一户田姓人家。与土地打了一辈子交道的田老汉，平生最大的愿望，就是在有生之年看到田家后继有人，香火延绵。然而，儿子田大海结婚不久，田老汉因病卧床不起，最后带着无限的遗憾撒手归西。

孝子田大海知道老人的心思，憋足一股劲儿暗暗争一口气。也许是"皇天不负苦心人"，田大海结婚不到 10 年，连生三子一女。老大、老二、老四都是儿子，唯独老三是千金。人道是物以稀为贵，尽管封建思想严重的田大海很重男轻女，但他偏偏对小女疼爱有加，视若掌上明珠。加上小女田甜聪明伶俐，生性乖巧，全家人也都对她百般呵护。在逍遥寨，田甜说不上是大家闺秀，但也称得上小家碧玉。

天有不测风云，人有旦夕祸福。在田甜 11 岁那年，大海在帮人盖房的时候，不小心从脚手架上摔了下来，正好跌在地面的预制板上，还没向家人交代点什么，就匆匆撇下妻儿，走了。

妻子李白妞那年刚 38 岁，最大的儿子田陆军只有 15 岁，最小的儿子田壮壮也仅有 8 岁。瞅着眼前的处境，想想以后艰难的日子，全家人哭得死去活来，昏天黑地。家里少了"顶梁柱"，生活是艰难而苦涩的。

田甜 13 岁那年，经亲戚朋友撮合，本村老光棍张二片"倒插门"进了田家。儿女们很懂事，没有为这门婚事设置障碍。逐渐懂事的孩子们明白，他们需要一个"父亲"。

然而，随着时间的推移，这个为人父的张二片，却越来越不让全家人省心。

锅碗瓢盆声中，张二片自私、霸道、无赖的本性逐渐暴露。农忙时，李白妞挥汗在地里劳作一天，精疲力竭回到家，强撑着身体还要洗衣做饭。而张二片在外闲逛一整日，回到屋里，稍遇不称心，揪着白妞不是打，就是骂。时间长了，家暴成了家常便饭。

田陆军年龄大点，作为儿子，每当看到这种情况，都愤愤不平的，想用男子汉的拳头，好好教训一下继父。但每次都被善良软弱的母亲苦苦劝阻，李白妞只怨自己的命苦。

张二片虽说对白妞母子整日横眉竖眼没个好脸，可对田甜却又是另一副面孔。他时常从外面回来，捎点好吃的硬让田甜吃，对田甜说话的时候，也能温柔好听，还时不时嘘寒问暖。谁也不知道张二片肚里装的是什么花花肠子。

逐渐长大的田甜，出落得越来越漂亮。可想不到，一只魔爪正悄悄伸向这棵幼芽。

那是一个让 14 岁少女一辈子也难以启齿的屈辱日子。

那年秋天的一个晚上，因外婆家庄稼多，家里劳力少，母亲、两个哥哥和一个弟弟，到 20 多公里外的舅舅家去帮忙收玉米。可能是农活多、时间紧，母亲他们那晚没有回来，家里只剩下田甜和那个继父张二片。

那晚，张二片的热情异乎寻常。

张二片特意到村南头代销点买回一些鱼肉罐头和火腿肠之类的东西，一头钻进厨房，挽胳膊撸袖子，叮叮当当地做起饭来。

当田甜兴冲冲地从学校回来，不见妈妈、哥、弟的踪影，却见继父一人坐在桌前，看着满桌的饭菜出神。

"叔，俺妈他们呢?"田甜急切地问张二片。

张二片猛然回过神来，满脸含笑："你外婆家现在正忙庄稼活儿，你妈他们早起去帮工了，今晚看样子不回来啦。"

"噢!"田甜心中油然有一种失落。

张二片招招手："田甜，来来来，咱父女今儿个好好聚一聚。你坐呀!"田甜也不拘束，走到继父跟前的椅子坐下，拿起筷子吃起菜来。

张二片和田甜一边吃一连聊，不知不觉，一个时辰过去了。

"甜甜，陪叔喝杯吧!"张二片一手端着酒，一手夹着菜，眼睛直盯盯地看着对面的田甜。

田甜脸一红，慌忙摆摆手："不不不，俺还小哩，不敢喝酒。叔，你一人喝吧!"

张二片咕噜一声，喝完了手中的酒，随即把桌子上的两只空杯斟满，挨近田甜，语调低沉地说："没关系，这酒又不烈，尝尝。"说罢，没等田甜反应过来，端起酒就向田甜的嘴里灌去。

田甜没料到继父会来真的，冷不丁喝进一杯酒，呛得满脸通红，一个劲地咳嗽，最后连眼泪都流了出来。

张二片手指着田甜，开心地笑了起来。

缓过气，田甜生气地对继父说："叔，你看你，人家又不会喝，咋能这样逼呢?"

张二片收住笑:"好好好,都是叔的不是,田甜要是支撑不住,先进屋里躺会儿吧!"

说吧,走到田甜跟前,假惺惺地扶起她,朝里屋走去。

田甜毕竟年龄还小,当继父把她扶到床上,就毫无戒备地躺了下来。

灯光下,田甜直挺挺地和衣躺着。她脸蛋红扑扑的,胸脯随着呼吸一起一伏,单薄的衣服裹不住的是日渐成熟的青春和朝气。

张二片并没有离去。此刻,他躲在门帘后,贪婪地望着眼前的秀色。他按捺不住内心的躁动,浑身禁不住阵阵颤动。

垂涎已久的猎物,今天终有了下手的机会。

他转身回到桌前,一口气喝了半瓶酒。借着酒兴,张二片毫无顾忌地直奔里屋,丧失人性地向女儿施暴……

当田甜满腹悲愤地向母亲哭诉时,李白妞羞愧难当。她抓着张二片,声嘶力竭地捶打,哭天号地地责骂。而自知遭天谴的张二片,双膝跪地,一个劲儿地朝自个儿脸上打耳光,苦苦哀求,声泪俱下。

母女俩抱头痛哭了一场,再也没去追究这个人渣的暴行。软弱的个性,使她们的生活蒙上了一层难以驱散的阴云。

(二)

后来,田甜通过考试,被县里的中学录取。

离开家的日子,她显得轻松愉快。紧张的校园生活,使她忘却了烦恼,丢掉了心中压抑的不快。

在知识的海洋中,她贪婪地呼吸着清新的空气,汲取着生命的力量和源泉。而每到星期天，莫名的失落又时常向她袭来。

每当此时，同学们都兴高采烈，像快乐的小鸟一样，叽叽喳喳地返回自家温馨的小巢。而田甜有家难回，有无限的惆怅和孤寂。那个家，如今带给她的，是一辈子难以释怀的耻辱，在那里，她感觉不到温馨、甜蜜、温暖。

二姑家离学校只有三四里，基本每个星期天，田甜都要到那里走一趟。

姑姑相当疼爱娘家唯一的侄女，每回都格外亲切地待她，吃挑好的做，穿拣好的买，临走，还时不时往侄女兜里塞点零花钱。娘家哥走得早，二姑体谅到侄女的苦。

那年春节，田甜没有回家，一直和二姑家人住在一起。娘知道女儿的心思，也没让哥弟们去接她。住在二姑家，李白妞很放心。

春节，这是中国人传统的节日。全家其乐融融地团聚一起，共同享受着人间的天伦之乐。尽管二姑全家没把她当外人，可是不知怎的，田甜总是高兴不起来。尤其是在年三十，二姑全家围坐一起，欢欢乐乐的，田甜却愈加难过，她想到父亲在世时，家里人过年那个热闹劲儿，心里时不时地涌出阵阵酸楚。

大年初一，她借故出了家门，独自走上邻近的小山。

小山不高，田甜很快爬到了山顶。她气喘吁吁地坐到一块石板上，两眼望着山下的一切，直发呆。

也不知过了多久，田甜的身后突然飘来一个男中音："喂，小妹妹，一个人坐在风口上，小心冻出病来。"

田甜猛一回头，看见一个约莫30岁的男子，一脸真诚地看着自己。

那男子见有了回应，忙解释，今儿个闲着没事，趁过年到山上溜溜，看到田甜一人孤单地坐着，担心她出点啥事，就上来问问。

田甜一边拍打着身上的尘土，一边说没事。

男子善意地说没事就好,转身就要离开。

"喂,你家就住在山下?"田甜歪着头,问正要走开的男子。

"噢,我家就住在河阳庄。"那位男子扭着头笑了笑。

田甜心一热,忙接应:"我姑家也是河阳庄的。"

男子转过身,显得很亲切地说:"真的吗?那就不能算外人啦。"

两人马上拉近了心理距离,随后,边走边聊,谈得相当投机。

那天,两人谈了很多很多,似乎有讲不完的话题。一向少言内向的田甜,心情放松多了,话也多了。在这位充满关爱的大哥面前,她又找到了从前的自己。她有苦,她有屈,她有伤心,她有欢笑,她感觉他值得信任。

田甜永远记得了一个难忘的名字:郭峰。

这年的春节,对于田甜这个失去父爱的少女来说,充实而又快乐。自从认识郭峰以后,两人经常在一起谈天说地。没有不快,也丢弃了苦恼,蒙在田甜心头的那块阴云,也随风而去。

以后,郭峰经常到学校找她,时不时捎些好吃的与田甜分享。有时,看到田甜手头紧,郭峰就慷慨地塞点钱给她。每当田甜不好意思推辞时,郭峰就拿出大哥哥的威严,毫不商量地让她收下。

少女不懂人间险,她心中只有感动。

一天下晚自习,田甜正准备回寝室,猛然瞥见郭峰一个人站在教室外。她吃惊地迎上前,急切地问:"郭峰哥,这么晚了,你咋来啦?"

郭峰显得很焦急地说:"有点儿急事,你去给老师请个假吧!"

田甜心一紧,说:"啥急事,你快说说。"

郭峰打断田甜,说:"不用多讲了,咱们出去再说。"

田甜没有再多问,马上向老师请了假,坐上郭峰的自行车就出校园了。

晚风习习,带来一丝凉意。

他俩推着自行车，在一处废弃的砖窑旁停下。郭峰从兜里掏出两张报纸，展开铺在地上，两人各自坐下来。

没坐稳，田甜就又追问："郭峰哥，到底有啥事呀？"

郭峰把头埋在双膝中，一手狠抓头发，沉默了一阵后，他抬起头，两眼含着泪，向田甜诉说了起来。

他告诉田甜，他和妻子感情一直不好，结婚以后，没过一天安稳日子。本来，勉强着过就算了，谁知妻子并不安分，竟偷偷和村上的一个男人好上了。今儿个他从外面回家，正好撞上这对狗男女在一起鬼混，一气之下，狠狠揍了他们一顿。

看着郭峰痛苦的表情，田甜一时手足无措，不知说什么才好。她毕竟才 17 岁，一个未出校门的高中生，对男欢女爱的事，毕竟是懵懂无知的。

但她从内心深深地同情郭峰的不幸，她努力劝慰，安抚郭峰那颗受伤的心。

郭峰沉默了一阵，突然抓住田甜的双手，声音急促地说："田甜，我是不幸的，但也是幸运的，因为我遇到了你这样的好女孩！"

田甜猛一惊，几次张嘴没出声。

从内心，田甜对郭峰有一种说不清道不明的感情，可以说，有种朦胧的爱，以至于面临突如其来的"求爱"，她不知道如何去正视。

见到田甜默不作声的神情，郭峰步步紧逼，两眼发出灼人的光。突然，他一把把她揽到怀里，不顾田甜的挣扎，把嘴唇贴在了她的嘴唇上……

月亮含羞地躲到了云层里，为大地投下一片黑暗。

两人之间畸形的恋情，很快在那个小地方透出了风声。

学校为严明纪律，随即开除了田甜的学籍。她眼泪汪汪地去找郭峰，却再也见不到他的踪影。原来，郭峰有一个幸福美满的家庭，田甜在他眼里，只不过是他众多感情游戏中的一个猎物。而当他对手中的"鱼儿"失去兴趣后，就撕破那层虚伪的面纱，露出令人厌恶的嘴脸。

流干了眼泪，田甜没有再哭。

（三）

不能再回校园，田甜也不再踏进家的门槛，她牙一咬，直接走进了繁华的县城。

在一个好同学的姐姐引荐下，她走进一家美发美容厅，当起了学徒工。

当学徒的日子是紧张而辛苦的。每天天刚亮，她就要起床，替老板娘送孩子，买菜做饭，清扫卫生。收拾停当，客人陆续上门，田甜就站在一旁打杂，为客人洗发、按摩。几次，有不安分的男客，在洗发按摩的时候趁人不注意，故意在田甜的身上摸一把。她很想发作，又怕人误会，就背地偷偷抹着眼泪向老板娘诉说。老板娘听了很不以为意，还怨她太嫩，脑子不灵活。她闭口不再作声，从内心恨透了男人。

此时的田甜，已不再是单纯、幼稚的小姑娘了。曲折坎坷的磨难和被苦难蹂躏的屈辱，使她突然间变得成熟起来，而这种不健康的成熟背后，是那样可怕，那样的令人唱叹。

一天中午，田甜给一个胖胖的男人洗发，正洗的时候，那胖子大大咧咧地在她身上揉搓了几下。她顿时变了脸，刚要张口，胖子随手从口袋中抽出一张大票，不容置疑地插在她胸口上衣内。田甜没有吭声，胖子淫邪地笑了起来。

趁无人，田甜从里面掏出票子，定睛一看，是张 100 元的人民币。

那晚，田甜躺在床上，辗转反侧。回想自己的不幸遭遇，也对男人充满了仇恨。说心里话，她被蹂躏过，被欺骗过，被捉弄过，她不会再想念世上有什么真情，更不会被甜言蜜语迷住而去胡思乱想，她冷静多了，冷静得有点可怕。既然世上有男人欺骗女人，为什么女人就不能欺骗男人？男人凭的是钱财，女人呢，凭的无非就是姿色和青春，与其无端地浪费青春，不如充分利用和施展自己的优势呢。人啊，想开了就不会有那么多烦恼，关键是抓住机遇，尽情地享受人生。

田甜重新拿起那张钞票，飞快地吻了一下，十分优雅地装进了兜里。

再遇到此类事情，她老练多了。每天走进美发厅的少数男人，他们就像苍蝇，遇到稍有姿色的女人，连腿都迈不动，总是闪着淫邪的目光，在异性身上来回搜寻，似乎要从中找到满足。为此，他们不惜浪费时光，抛洒钱财，获得生理和心理的满足。

田甜变得应付自如，逐渐得心应手。与其说男人在游戏人生，倒不如说田甜在捉弄男人。

每回，遇到不安分的异性，田甜就投其所好，虚与委蛇。与他们逢场作戏一番，最后得到可观的报酬。在她的人生字典里没有了羞耻，也没有了尊严。

"三夏"的一个晚上，因老板娘家中有事，店里只剩下田甜一个人在忙碌。将近10点时，她打扫完室内卫生正准备关门，从外面走进一个约莫40岁的男人。一进门，男人就带着淫邪的目光，把店里里里外外扫了一遍，当他得知只有田甜一个人时，一屁股坐到椅子上，露出一副满意的神情。

一看这种架势，凭经验，田甜心中已猜出八九分，她故作镇静，问男人是理发还是按摩。那男人倒是不慌不忙，东一句西一句，没边没沿地闲扯起来。

田甜也不慌，满脸微笑地周旋着。

田甜从交谈中得知，这个男人姓杨，在一家建筑公司任经理。他肚里没有多少墨水，可兜里有的是钱。

凭感觉，田甜知道这是个有钱的主儿，必须想尽办法，把他俘虏到手。要知道，抓住这个臭男人，无疑是抓到了一棵摇钱树。

一个姿色迷人、落花有意，一个有钱穷烧、追腥逐臭。没有几个来回，一起肮脏的交易达成了。

自那以后，田甜离开了美容美发厅，住进了杨经理花高价租的民房，过起了"金丝雀"的生活。

刚开始，杨经理基本上天天在此住宿，渐渐地，来这里的次数逐渐减少。田甜小鸟依人地嗔怪他，杨经理总是以手头的事太多，抽不出身为由搪塞。

其实，田甜心里明镜似的，只是不想捅破这层纸。像杨经理这样馋嘴的猫，他哪会对谁一心一意呢。他手头有那么一点钱，据说在外养了几个女人。本来就是一场游戏，田甜并不去较真。她需要的不是他的真感情，只要能确保物质的供应，田甜别无他求。

就这样，田甜饱食终日，无所事事。杨经理来多来少无所谓，反正眼不见心不烦，落得一个人自由自在。每天，她无聊地轧马路，逛商场，进赌场，泡舞厅。渐渐地，田甜对灯红酒绿的舞厅产生了浓厚的兴趣。

舞场门前霓虹灯变幻闪烁，厅内五彩的转灯令人陶醉，美妙的舞曲悠扬悦耳。一对对情侣配合默契，翩翩起舞，三步、四步、探戈、伦巴……在一片欢快的气氛之中尽情地扭动。

大厅的一隅，田甜身着一袭黑色的时装，白皙的面孔和扑鼻的香味吸引着众多人的注目。她嘴角微微向上翘着，游离的目光中透着冷艳。那两片殷红的双唇，似一团灼人眼球的玫瑰花瓣……此时此刻，她有点忘乎所以，沉浸在自我欣赏中。

"小姐，请……小姐，请跳一曲。"

她循着生硬的"请"声方向望去，只见一个身材微胖、留着大背头、45 岁左右的男子，出现在她面前。

"哦，对不起，我跳不好。"田甜娇滴滴地莞尔一笑。

"没关系嘛，小姐跳不好，可以慢慢学。这样的好时光浪费了，不是太可惜了吗？"对方两眼闪着幽幽的光，极力讨好地相劝。

凭感觉，田甜感到面前站着的是一位风月场上的老手。她心里恨恨地暗想：哼，一只贪腥的猫！想来姑奶奶身上占便宜，还说不定谁玩谁呢。

她眼神一瞥，歪着头说："能行吗？"

"行，太行了。"那男子兴奋地说。

她起身向着那神秘又有着诱人魅力的领地走去，向一个自以为五彩缤纷的梦幻世界走去。

（四）

这男子叫周厅峰，在县城一家事业单位当一把手。看着他一副志得意满的神气劲，田甜知道，他现在活得挺滋润。

天下没有不散的筵席。舞会结束时，两人变得依依难舍。两人目光相遇时，他们都读懂了对方。

走出门外，周厅峰指着停靠在一旁的车，轻柔地说："上车吧，我送送你。"

舞厅离田甜租住的地方只有半里地，可她还是钻进了周厅峰为她打开的车门。

小车在寂静的晚上，缓缓地向前方驶去。两人都没有回去，而是坐车向郊外行进。

在离县城六七公里的一片杨树林前，小车悄然地停了下来。他们把小车靠在公路一边，手挽着手，向树林的深处走去。

朦胧的夜色，把一对年龄悬殊的男女陶醉。初春恬静的树林里，显得异常静谧，树木似乎在悄然倾听来自人类那不和谐的梦话。

两人席地而坐，近得能听到对方的心声。"交个朋友好吗？"周厅峰颤颤地拉着田甜的手问，说着双手不安分地搭在了她的双肩。

田甜没有拒绝。此刻，她很冷静，她明白，这其实又是一场游戏的开始。现在她根本不再想念感情，从内心佩服周厅峰假戏真做的功夫。她把男女之间的事看得很淡，自从遭受继父的蹂躏和情感的打击后，她曾发誓要报复社会，报复男人，从玩弄异性的感情上填补不幸的伤口，从男人的手中获取钱财，满足人生的享受。为此，她只需要理智，而不需要感情。她半推半就地偎依在周厅峰的怀里，任欲火中烧的男人心跳情动。

周厅峰得寸进尺，把手慢慢地伸向她的内衣。田甜一骨碌从地上站起，柔情地说："亲爱的，咱们回去吧。你要是真的爱我，以后日子长着呢，那么猴急干吗？"

一听此言，周厅峰像泄了气的皮球，十分不情愿地挽着田甜的手，垂头丧气地走出了树林。

一连几天，田甜总是躲着不见周厅峰。她明白，只有吊足了周厅峰的胃口，才能体现自身的价值。

一日中午，田甜独自来到周厅峰的办公室，刚进门，周厅峰就关起门想拥抱她，田甜马上躲开了。尽管是春天，她穿得却十分单薄，衬托得全身曲线分明。周厅峰瞅着经过精心打扮变得越发妩媚的她，眼都直了，直埋怨田甜为什么不联系他。而田甜笑而不答，逼急了，她反问："周主任，你有电话又有手机，俺啥都没有，咋联系呢？"说罢，用眼瞅着周厅峰办公桌上的手机。

周厅峰一时语塞，停了一会儿，对田甜说："那好吧，我今天就派人去给你买手机。"

田甜故意推辞，周厅峰豪爽地直说小意思。

田甜不再言语，朝周厅峰的脸颊上飞吻了一下，随即递过一个媚眼，嗲声嗲气地说："拜拜，今晚8点老地方见。"

碍于上班时间，周厅峰也不便强留，目送着一扭一扭的田甜，好一阵发呆。

晚上8点，周厅峰准时开车来到新贵歌舞厅，与等候在那里的田甜，手挽手亲热地走了进去。来到大厅偏僻处，没等坐稳，周厅峰就迫不及待地让田甜闭上眼，猜猜今晚他带来了什么礼物。田甜娇态万状，装出十分天真的姿态，胡乱地闭目瞎猜。

周厅峰露出十分得意的神情，亲昵地在她的鼻尖上刮了一下，田甜睁眼一看，顿时惊讶起来。

桌上放着一个手机和一条价值上千元的金项链。

田甜显出诚惶诚恐的样子，她责怪道："瞧你，破费干吗？为我，你何必呢？"

周厅峰大方地说："为美人千金难买一笑。一点小意思，聊表爱慕之情。"

田甜扭捏了一下，随即收下了礼物。今日初战告捷，她十分开心，风情万种地拉起周厅峰，在光怪陆离的舞池中，疯狂地旋转了起来。

一对丧失伦理道德的男女，各怀鬼胎，最后同床做起了异梦。

以后，两人经常幽会。卿卿我我，缠缠绵绵。男人从女人的身上得到生理的宣泄和快感，女人从男人身上获取物质的享受和金钱的支持，他们似乎都心满意足。

渐渐地，周厅峰开始从内心害怕田甜。本来，他们只是逢场作戏，不需要苛求对方付出真感情。然而，田甜心狠、胆大、无所顾忌，让周厅峰心虚畏缩。他毕竟是事业单位里的主要负责人，在社会上有头有脸，并有一个美满的家庭，儿女也到了婚嫁的年龄。如果整日明目张胆地和可以做自己女儿的女人鬼混，自己如何能在人前抬头，如何向家庭交代？尤其让他委屈的是，自和田甜相识后，前后已花费了4万多元，而爱财如命的田甜，欲望是那样难以填满。

一刀两断是不可能的，他了解田甜的为人，只能慢慢疏远，逐渐熄灭燃起的火焰。而田甜一点儿也不笨，她猜透了周厅峰的心病，抓住了他致命的弱点。她不会让自己抓住的这棵"摇钱树"轻易地消失。

一个胆战心惊躲躲闪闪，一个正在兴头穷追不舍。两人的感情，自然不那么美妙了。

夏日的一个晚上，两人又在城西桥头约会。没有狂热的激情，没有情意浓烈的缠绵，一切都变得那么赤裸裸了。田甜告诉周厅峰，自己在家闷得慌，想出来做点小本生意，但目前资金短缺，想借10万元，问有没有办法。周厅峰听出了弦外之音，其实是田甜让他出10万元"青春损失费"，从此了结一段情缘。

好狠毒的女人！周厅峰暗暗骂了一句。他思前想后，犹豫了好长时间，最后咬咬牙答应了。

很快，周厅峰通过挪用公款，给田甜凑齐10万元送去了。捧着10万元的存折，田甜真有点喜出望外，她庆幸自己下的赌注得到了回报。

一切又恢复了往昔的平静。

春节，周厅峰正在郑州开会，突然接到一个外地口音男子的电话，那男子在电话中称，他们是某地从监狱里出来混的"平暴帮"的，专门帮人讨债消灾，应田甜家人委托，讨要8万元"感情补偿费"。末了，电话那端的男人威胁，要么乖乖送钱，要么让周厅峰的家人收尸。

这其实又是田甜在背后使出的阴招。

周厅峰吓坏了，前段时间挪用公款的漏洞还没有填满，今天又出来8万元，咋办呢？他愁得像热锅上的蚂蚁，简直不知如何是好。一种求生的本能，使他不计后果，铤而走险，把黑手重新伸向了单位。按照指定地点，周厅峰一文不差地奉送了8万元给对方。

数着一沓沓崭新的人民币，田甜和她的新朋友赵虎军狰狞地笑了起来。他们想不到周厅峰这么容易就范，这么经不住惊吓，略施小计，就轻易地上钩了。

又一天，田甜拨通了周厅峰的电话。"田甜，你又想干什么？姑奶奶你饶了我吧！"一听对方的声音，周厅峰顿时神情紧张，话音中夹带着哀求。

田甜一想到对方的熊样，心里很得意："怎么，周大领导，几日不见，就把你这个甜妹妹忘了。一日夫妻百日恩，你我都不要太绝情嘛。"

周厅峰一扫平时在办公室的威风，低眉顺眼地说："田甜，求求你，看在往日的情分上，别再找麻烦了，行吗？"

田甜说："好吧，咱们今晚最后见上一面，说好各奔东西，互不干扰。"

周厅峰无奈地答应了。

当日傍晚，他们找到一家僻静的饭店，进行最后一次晚餐。

看着满桌丰盛的饭菜，周厅峰没有一点食欲，他像一个做错事的小孩，静静等待着老师的发落。而田甜像一个很威武的将军，谈笑风生，十分优雅地喝着酒，不慌不忙地夹着菜。她掌握着主动，掌握着周厅峰仕途的升迁、个人的荣誉、家庭的幸福，她有耐心把这场戏一直演下去。

最后，还是周厅峰打破了沉默，卑微地探问田甜，如何了结这笔风流债。

田甜装出一副大度的神情，带着嘲弄说："周领导腰缠万贯，最懂得破财消灾的道理。这样吧，你再拿 5 万元，如何？"

周厅峰一听此言，倒吸了一口凉气。

那晚，他不知是如何走出这家饭店的，一个人孤独地走在街上。在郊外的田埂上，他一坐就是一个晚上，地上扔得满是香烟头，仿佛一夜间，就老了十几岁。他思前想后，感到似乎有一条毒蛇绕着他，在吮吸着他的生命。

万般无奈的情况下，周厅峰满腹心思地走向检察机关。

在高墙铁网下，因涉嫌诈骗罪，19 岁的田甜的青春将与寒冷的岁月相伴。19 岁啊，对于一个姑娘来说，正是人生的花季，而在这个年纪，她却用变态的心理、错位的人生，击碎了自己多彩多姿的梦。

这则案件，给我印象特别深刻，尤其是详细阅读案卷，到当事人所在地进行案外调查，以及和当事人密切接触者座谈后，就此案背后反映的深层次问题，对小田甜一路成长的家庭氛围，尤其是再婚家庭的教育问题，我有太多的感慨和随想。追踪她一路的成长轨迹，再婚家庭，尤其是那个可恶继父的卑鄙行径，给田甜造成的心灵伤害是无法估量的。倘若她的母亲能在孩子遭到性侵时，勇敢地站出来，用母爱给孩子以保护，抚慰她受伤的心，或许，这个女孩就不会破罐破摔，仇视社会，仇视男人，毫无底线地走向黑暗。

田甜的遭遇的确令人同情，但是，一路走来，谁的人生不带伤？我们每个普通人，生来背负着艰难，承担着不容易，不可能不遇到坎坷，甚至会有至暗时刻。平凡的我们，唯一能给自己的优势，就是老老实实做人，认认真真做事。假如在人生的路上，不能正确对待阴影，不求上进，那就连命运给我们的最后机会也会丧失，后半生只能活在阴影里，无法走出！

　　小贴士：如果你家有女孩，作为母亲，孩子是否会把平时一些小秘密悄悄地告诉你？

第五辑　成长"心"之道

　　平时的每个念头、每个行为，都是编织果实的每一针、每一线。

　　你不知道孩子每一次心念流转，在编织着什么样的果实，但日积月累，水到渠成。

　　总有一天，往日言行的积累，会以某种事件的模样呈现出来。

十三　迷失在虚幻的世界

（一）

　　有人这样忧心忡忡地说过："世界上难以自拔的，除了自己的牙，就是陷入传销组织！"可见，非法传销组织是何等可怕！

　　在网络时代，社会上有些人为了一己私利，瞄准大中专学生思想单纯、有创业的冲动、容易相信别人、人生阅历浅薄的软肋，把罪恶的手伸向无辜的学生。用玫瑰掩盖的陷阱、天花乱坠的虚幻童话、亢奋迷幻的麻醉剂，毁灭莘莘学子的美好前程，给大中专学生的亲人带来忧虑，给学校带来不安，给社会带来不稳定。

　　我的案头，就有这么一桩案件的卷宗，里面，就记载着这样一件让人喟叹的真实故事。

　　事情从那天晚上的 7 点说起。

　　这个城市的民主路上，人来人往，车流不断。

　　在这段繁华的路上，有一辆蓝色捷达出租车，快速驶入位于民主南路的第二人民医院。只见车刚开进大院，车门就迅速打开，从车上慌慌张张下来两女一男三个小青年，其中一个穿着灰色夹克，脸色煞白的男青年径直跑去挂号，另外两个女青年，则紧张地搀扶着一名受伤的女伴从车上下来，焦灼不安地站在急诊室外等待。

这本是经常发生在医院的场景，但奇怪的是，看到出租车刚离开医院，这两女一男，似乎像演戏一般，卸下妆容，恢复原貌，露出十分惊恐的神色，丢下受伤的那位同伴，发疯似的拔腿逃离医院。

这样的反常行为，引起大厅导医人员的警觉。工作人员发现，在候诊大厅地上躺着的这个少女模样的患者，浑身鲜血，头部有 10 厘米左右的裂口，颈部有 15 厘米左右的伤口。

这个女生怎么会遭遇这样的创伤？

把她送到医院的那三个小青年，和她是什么关系？

为什么要半途丢下她不管？

其中究竟有什么复杂的情况？

满腹狐疑的医生，果断地拨打了 110。

接到报警，警察在最短时间赶到现场。经过马不停蹄地调查，很快，一桩让人匪夷所思的案件终于水落石出。

原来，那个被送往医院的受重伤的女生，名叫小樊，是河南某大学一名即将毕业的学生！

小樊老家在河南信阳一个县城，大学最后一年的实习期，小樊暂时在郑州一家私人物流企业做一份兼职工作。

眼看马上就要毕业，小樊四处托关系找门路，都没有寻找到一个合适的职位！

她再也不想回到老家，内心特别渴望能够找到快速致富的捷径，以此摆脱家庭目前的困境。她想用自己的努力，给家庭带来希望，让常年辛劳的父母安享晚年。

然而，理想很丰满，现实很骨感，常常让人觉得这个世界很精彩，而自己的日子很无奈。

有一次，小樊和一个网名叫"鳄鱼的口水"的网友聊天，对自己目前的窘况，无限感叹。

想不到的是，这名网友显得特别热心，帮她出主意想办法，为她规划前程。

对方十分健谈，聊天特别有感染力，说起创业头头是道，让人特别有一种冲动和激情。两人越聊越热乎，越聊越熟络，从聊天沟通中，小樊惊喜地从对方口中得知，对方是焦作一家医药保健公司的经理，人脉广，路子多，而且很热心。

小樊欣喜若狂，越谈越来劲。对方告诉小樊，自己真名叫刘小阳，愿意为小樊的工作想想办法，让小樊先到焦作自己的公司上班，如果适应岗位，最低月薪3000元，并签订合同，替她缴纳"三险"。如果工作一段时间，觉得不大理想，还可以帮其推荐，再给她寻找更适合人生发展的单位。

此时，正渴望有一份丰厚薪水的小樊，听到有这等好事，实在有点喜出望外。底薪就3000元，在焦作这个城市绝对是一个不错的收入。

小樊兴高采烈，简单打点好行装，想都没多想，就坐上长途大巴，奔赴焦作。

因为有事先的约定，小樊被一个叫小花的女孩接上，然后乘坐出租车，七拐八绕，来到焦作某商城附近一栋居民楼。

小樊做梦也没有想到，聪明的她竟然被人忽悠，陷入她平时只听说却从来不大相信的传销陷阱。

刚开始的几天，小樊还算自由。虽然身边一直有人紧密相伴，但还能通过电话和短信，向家人报平安。

一切都是精心的设计，很是诱人。所以，刚开始小樊还有点庆幸，电话中带着自豪告诉老妈："一切正常，公司挺豪华气派，特别有文化底蕴，不过，要求很严格，不努力会有被炒鱿鱼的危险。这份高薪不容易！"

然而，没过三天，小樊就被一个自称是办公室王主任的人把手机拿走，身份证也被收走。

突然，小樊就失去人身自由，不能再自由活动，不能再和亲人朋友联系，每天在一个固定的范围接受所谓的洗脑和培训。

逐渐看到真相的小樊，如梦初醒，想不到自己这么"有头脑"的大学生，居然被一个没有文化的传销组织小头目骗了。

她又羞又气，唯一要去做的，就是找机会逃脱。

有一日，小樊在一个小黑屋和 30 多个和她一样被骗的少男少女接受洗脑。看到一个机会，就借口到卫生间方便，趁人不备，想都没想，快速从三楼窗口跳下。她本想一逃了之。谁知，由于楼高，地面又是水泥地，跳下摔得浑身是血，失去知觉，被传销人员发现，因为人命关天，不得已把她送到医院，丢弃在就医大厅。

警方顺藤摸瓜，很快把这个所谓的传销组织一窝端掉，相关人员受到法律应有的惩罚。

清纯可爱的大学女生小樊，却因一时的盲目和轻信，导致下肢瘫痪，再也难站立起来了！

翻阅报刊，收听新闻，大中专学生陷入传销陷阱的可怕遭遇屡见不鲜，此类悲剧不时地在我们的现实生活中发生。

这样让人揪心的消息，实在太可怕，太险恶，太恐怖。

物欲主义的横流，让一些利令智昏之徒，不惜丧失天良，不计后果地将正在成长的青少年一代当成猎物，采取多种手段，编织玫瑰般童话的陷阱，引诱涉世不深的未成年人入瓮。

据一家媒体报道，南方某城市曾召开新闻发布会，郑重地通报一起涉及 33 所高校、834 名大学生的特大传销案件。

岭南的一个省教育部门，在不到一个月时间，连续接到 3 起关于学生失踪（可能被传销组织控制），或疑似被传销组织的培训机构骗取钱财的通报，涉及 6 所高校、上百名学生。而那一年，该省高校发生十几起学生被迫参加传销的案件，涉及数千人。

这些陷入传销组织的大中专学生，误入歧途，轻则荒废青春，破费钱财，重则害人害己，甚至走上犯罪道路，导致一幕幕悲剧的发生。

（二）

为什么大中专学生知识丰富，视野开阔，却会屡屡陷入传销陷阱？

纵观诸多案件，很多传销活动的组织者和头目文化水平不高，手段也不高明，为什么能忽悠那么多聪明的学子？

为什么传销活动是明令禁止的非法活动，而某些在校大中专学生却偏向歧途奔赴呢？

其中不少学子，听着诱人的发财神话，脆弱的心理防线无法抵挡住这些虚无的"金钱诱惑"，一旦涉入，再也无法自拔，就这样毁在了人生的起跑线上，令人惋惜！

我曾采访过一个有过这样经历的学生，就十分有代表性。

为讲述方便，我把她化名为小方。

那年二月，小方怀着一腔热血，经过一番考察和研究，从就读的学校出发，和几个要好的同学一道到江苏南京，准备在那里找工作，开辟自己人生的崭新天地。

小方家在焦作下辖的一个县，父母都是跟土地打了一辈子交道的农民，一直到现在，连省会都没有去过。

当初，小方告诉父母这个打算时，父母特别担心，试图阻止她这种选择。而小方相当自信，在学校期间，她曾是学生干部，学习成绩好，善于交际，脑袋很聪明。她很自信地宽慰家人，耐心做通父母的思想工作，信心十足地说："放心吧爸妈，以你们女儿的聪慧，我很快会在那里找到一份好工作，将来把您二老接去，等着享清福！"

来到人潮涌动的南京，她来不及喘口气，就四处奔波，到处应聘。可是，眼看一个月过去，还是没有着落。她备受打击，原来豪情万丈，自信满满，遇到挫折，又突然感觉自己是如此渺小，那么无助。小方心中十分着急，用一个歇后语形容就是："十五只吊桶打水——七上八下！"

怎么办？原来意气风发的小方，一下子有点失落，心急得像热锅上的蚂蚁，不知道如何是好。

正在这时，她在网上聊天，遇到一个大自己一届的老乡。当初在学校时，因乡音乡情，两个人平时还算熟悉，时常有走动，遇到事，相互还帮帮忙，应该说这个老乡还值得信赖，比较可靠。

这位老乡告诉她，自己表姐就在江苏无锡，供职于一家很有背景的大公司，待遇优厚，条件不错，现因事业发展，公司正在招人。这位热心的老乡再三强调，这是一个难得的机会，劝小方不可错失良机。

小方知道这是一个大公司，但心中很矛盾，显得特别犹豫。这位小老乡特别关心，一直为她规划未来，耐心地说服她，还说自己也入职了这家公司。

此时，在南京没有找到合适的工作，经老乡再三游说，小方想了想，就径直奔赴无锡。

刚到无锡安顿下来，那个叫田军的老乡异常热情，容不得小方多想，拉着她就去找公司招聘经理。

在一间高档宾馆的客房，田军把她介绍给一个打扮时尚、操着南方口音的干练女人。小方从介绍中得知，对方自称是某化妆品牌的人事经理。

女经理一副公事公办的模样，说要经过一番严格的面试，才能有下一步决定。一切入职流程让人感觉特别紧张，特别正规，特别苛刻。

当时，小方觉得毕竟是大公司，要求高很正常，所以，她认真准备，在回答问题环节，特别用心，特别卖力，很动了一番脑筋。

天真的姑娘，心里只想着要做白领，却没有在意一直陪着她的女孩的眼神，也没有洞察始终不离左右的老乡的异样神情。她做梦都没想到，这其实不过是在演戏，是一场闹剧的序幕。

面试进行不到一半，对方态度就变得露骨，话锋一转，眼中带着绿光："聪明的你应该知道，在这个世界上，还有一种方式可以让你一夜致富，彻底改变人生！"

接着，对方像打了鸡血一样，精神亢奋，如一个出色演讲家，口若悬河，滔滔不绝讲起来。

听着听着，小方一下子明白，自己身陷传销组织了。

"你这不是传销吗？怎么能这样骗人！"小方特别生气，盯着对方的眼睛直问。

女经理脸色大变，露出原形，冷冷地说："你知道传销组织的厉害吗，如果我们是的话，你敢这样说话吗？"

小方控制不住情绪，激动地质问："既然你们不是搞传销，那现在就让我走！"

对方一点也不着急，只是轻声说了一句："别激动，你冷静一下。"然后，撇下小方和一直陪着她的女孩，摔门而出。

一直陪着小方的女孩，叫春圆，据后来她本人供述，是广州一所金融管理学院刚毕业的大学生。看到眼前这一幕，她显得司空见惯，不急不躁，等小方哭够了，闹够了，在一旁开始细声慢语地劝慰。

接着，那个叫田军的老乡也进来陪着小方，不厌其烦地做工作。

几天时间，小方身旁都不离"朋友"，轮流来启发开导她。

后来她才知道，这个过程，在传销组织中叫"了解行业"，那些内部的成员都得"陪新朋友"，角色分工明确，有唱红脸的，有唱黑脸的，有吓唬你的，就有安抚你的。直到让你脑子"开窍"，乖乖就范。

小方主意很坚定，无论谁来扮演什么角色，都不为所动，坚决不干。你有你的千条计，我有我的老主意。

不过，再强大的心理背后也有最柔软的地方，再坚强的堡垒也有致命薄弱处。那些传销组织深谙这一点，所以，他们特别会寻找软肋，让受害者"缴械投降"。

思想工作做到第 7 天，一个成员在和小方聊到父母时，身在异乡的小方大哭起来。

一直怀着感恩之心的小方，特懂事孝顺，在她心中有一个最大的愿望，就是一定通过自己的奋斗给农村的父母在大城市买套房子。城市的楼里，有暖气，有空调，能洗澡，舒服明亮；而父母所住的房子，冬天四处透风，夜里只能蜷缩在被窝，冻得瑟瑟发抖。这个小小的心愿，成了她最大的软肋。

传销组织及时把握她的心理变化，抓住父母就是她的软肋这一点，用尽各种绝招，精心突破小方的感情防线。

就这样，坚强的小方开始慢慢软化，最后，竟然同流合污，一起和组织人员进行疯狂的传销，害了不少人。

（三）

为什么当代一些大中专学生会陷入传销组织，甚至不能自拔？

为此，我在附近做了一次小型调查，通过当事人成长历程追溯、社会问题了解、有关专家和青少年问题研究者访谈，发现一个特别值得注意的普遍现象：那些在诱惑面前难以保持自我、容易在冲动中误入传销组织的青少年，很多都成长在一个从小缺乏父母管教的家庭环境中。这些青少年做事目的性强，自身又没有一项长久的爱好，时常感到焦虑，一旦遇到外界的蛊惑，就不能冷静思考，有严重的赌徒心理，总想一夜暴富。

如何避免青少年产生这种浮躁之气呢？

从小有针对性地给青少年培养一种爱好，是我身边不少教育专家给出的良方，比如让孩子从小学习"磨性子"的木工手艺。

在教育青少年成长的过程中，有的家长和老师只关注成绩和知识，眼睛盯着分数，却忽略做人成才更重要的品格培养。分数确实是人生进阶的一道门槛，但风物长宜放眼量，从长远来看，陪伴孩子一生的，是做人。

让孩子学习木工，并不是为了培养木匠。我们看重的，是木工能让他们安静地坐下来，学习数学（测量和计算）、物理（结构和杠杆）、艺术（设计、绘制草图和上色）等多种学科知识，在亲自动手的体验式学习中，扎实掌握所学知识，为学科学习打好基础。从而远离电子设备，全身心地投入指尖的创作中，可以专注地测量、切割、打磨……感受将自己亲手创造出的木器沉甸甸地握在手中的踏实感。

磨性子，练静气，精益求精，拥有灵巧双手，玩出聪明大脑。这就是时代所推崇的"匠人精神"。

在未来的发展中，孩子要面临很多挑战，经受各种诱惑，只有拥有如木匠一般坚韧沉着、踏实肯干、任劳任怨的人生态度，才能在未来走得稳，走得长久。

再一个良方是，让孩子练习书法或者钢笔字。

常言道，提笔忘忧，落笔心安。

孩子在一笔一画中，因为压力而紧绷疲惫的神经被疏解；在横竖撇捺中，练就好心态。

还可以学习绘画、练习钢琴、进行手工制作等，从小培养孩子这些磨砺心性的爱好，就会让他们在这个浮躁喧嚣的世界面前，多一份从容，多一份清醒，多一份理性，从而避免犯一些低级的错误，走不必要的弯路。

小贴士：你有没有这样一种难堪，不知从什么时候开始，你要小心翼翼看孩子脸色了？

十四　松散的篱笆

有调查结果显示，网络上影响青少年违法犯罪的最重要因素，不是人们一贯认为的黄色网页，而是网上聊天。

与其他网络活动相比，网上聊天具有很强的互动性，它不是单纯的人机对话，而是直接的人与人交流，对青少年很有吸引力。同时，网上聊天又具有很强的隐蔽性，社会辨别能力低、自我保护意识弱的青少年，很容易通过网上聊天被不法分子诱唆和误导。

有人说，找网友聊天，跟网友见面，这对当下青少年来说都是习以为常的事情了。下面我要讲述的是检察机关办理的一起特大强奸案，希望能用活生生的例子，让家长、学校和社会从中得到一些启发和警醒！

（一）

人物素描：秦伊敏，网上昵称"懒羊羊"，女，某校学生，本案受害人之一。

带着对未来生活的美好憧憬，我去年从老家独自来到这座陌生的城市，走进这所陌生的学校。

刚开始，一切都显得是那样新鲜和刺激，而随着时间的推移流逝，生活的单调，学业的枯燥，每天的"三点一线"，令人有些透不过气来。尤其是双休日，同学们都兴高采烈回家了，就剩下班上几个外地同学，我孤零零的，甭提心里那个难受劲儿了。

我性格比较内向，平时和同学们没有很深的交往，好朋友自然不多，心里有点事，只能往自己肚里搁。我知道自己家境不好，条件差，自卑心理很强，害怕与人打交道，学校生活过得很不舒畅。

时常听同学们围拢在一起，绘声绘色讲在网吧聊天的趣事。听多了，我就觉得自己老土，渐渐产生了一种好奇心理，想去网吧看看网络的花花世界，尝尝滋味。

学校外面的一条街开设有许多网吧，每日进进出出的年轻人络绎不绝。那年3月份，在同班同学的热心指点下，我在附近的一家"快乐无极限"网吧申请了电子信箱，开始上网了。

不上网不知道，世界真奇妙！那些整日泡在网吧的少男少女，似乎人人打了兴奋剂似的，一个个坐在电脑前，神采飞扬，废寝忘食。他们在不透明的网络里，与素不相识的人聊起天来，感觉简直如同空调之于夏天般清凉和惬意。有一首古语说什么来着，"久旱逢甘霖，他乡遇故知"，对了，是他们常挂在嘴边的一句话。

我第一次上网聊天，感觉并没那么美妙，当取了"懒羊羊"的网名进入聊天室后，只见屏幕滚动，言语纵横，什么"草上飞""风清扬""山阳一小怪"等稀奇古怪的名字，看得让人找不着北。这边有人在打情骂俏，那边"豆芽儿"和"小猪"已经爱得死去活来。更多的人在寻找表现自己的机会，夸张的幽默感，火辣辣的爱情宣言无处不在。看，"网上名花"打出一句：高山流水，知音难觅！马上就会有多名网虫报到。上网皆朋友，网络就像打成一片的"江湖"，让人不分彼此。

这是不是无聊透顶？当我带着几分疑惑把自己第一次上网的感受讲给上网的同学听时，大家"呵呵"笑起来，直笑我幼稚。口舌麻利的同学芬儿慷慨陈词，驳得我体无完肤："这是什么年代？21世纪！科技的发展为我们带来了网络，不需要戴上面具，就可以爱我所爱，恨我所恨。我们在现实中难觅的很多东西，网络中会带给你心灵的慰藉！"

几个同学异口同声，倒使我觉得自己是否"未老先衰"，跟不上潮流了？我心里不服，暗暗较起劲，就又重新坐到网吧。

这以后，我不断从老网友那里汲取"知识"，慢慢地，也上了路。后来，一有空闲，我就往网吧里泡，双休日宁愿不拿父母寄来的钱改善生活，也要啃着方便面，迫不及待把钞票贡献给那个剃着光头、戴着绳子一样粗的黄金项链的网吧老板。

结识"灰太狼"极其偶然。4月的一天夜里，我在网上发现了这个名字，觉得挺逗的，就随便聊了起来。哪知一聊不可收拾，我们大有相见恨晚之意。

"灰太狼"在网上告诉我，他今年只有20岁，刚刚结束了一场刻骨铭心的恋情。他和她是从小到大的同学，为她，他付出了太多太多的东西。一年前，他俩双双高中毕业，为了照顾多病的父亲，他放弃了高考，她考上了成都一所大学。后来，她嫌弃他没有理想，脑子不开窍，就狠心与他分手了。

网上结识的"灰太狼"情深义重，自始至终对前女友无丝毫怨恨。我有些感动，并为他打抱不平，对这个男生充满了好感。

以后的日子，我们俩都不约而同地在星期日准时上网，聊有趣的事情，扯感情的话题，说学校的奇闻，天上地下，无所不谈，只是绝口不提伤心的事。"灰太狼"对我的学习、生活十分关心，使我在虚拟的世界感到了暖意。

一日，"灰太狼"给我发来一首小诗："深山背后有枝莲，长在崖边老龙潭。有心上前把莲采，足下缺少采莲船。"虽然没有接触过感情上的事情，但我还是明白了诗的意思。我告诉他："我长得像恐龙，恐龙不言它！"他回道："我欣赏恐龙！"见他这么直白了，我只好急刹车："别逗了，甭把恐龙吓得抱头鼠窜。"

（二）

人物素描：武之晨，网上取名"灰太狼"，男，街道无业青年，本案犯罪嫌疑人之一。

我初中一毕业，就在社会上混。

那时，整天就是吃饭、睡觉、喝酒、疯玩，和几个同伴无所事事地瞎聊。寂寞难耐时，就在闹市区商业街观看美女，并给她们打分，兴致来时，吹吹口哨，说说俏皮话，惹得这些红粉佳人回头怒视。

父母怕我长此以往走上邪路，费尽气力，赔尽笑脸，托亲戚找熟人，给我在一家私人公司谋了一份职，想拴住我不安分的心。可没过多长时间，我实在受不了那份管束，就和领头的吵了个天翻地覆，头也不回地卷铺盖走人了。

百无聊赖的我，开始迷恋上网吧。出于青年人寻求刺激和新奇的心理，我有事没事就往大街的网吧里钻，在游戏上找乐，在虚拟世界中填补内心的寂寞。时光，也就在庸庸碌碌中不知不觉地打发掉。

我有一个臭味相投的同伴，经常在一起喝酒神聊。5月的一日，大家又在酒店相聚，谈起上网，你一言我一语的，兴致相当高。

我不大接触网上聊天，但他们谈得津津有味。这个说，通过网聊"泡"了几个姑娘，那个说在聊天室和一个叫"小猫咪"的恋得有滋有味。我知道他们都是逢场作戏，可抵挡不住那暧昧的诱惑，迅即就在一家"彩虹网吧"取了一个"灰太狼"的网名，加入网聊的花花世界中。

每天耳濡目染，琢磨出游戏的规则，我变得越来越老练。在网上，我发现有许多女生涉世不深，对人缺乏戒心，但又自认为见多识广，表现得热情主动，不用几个来回，很容易就上钩了。

掌握了这点，我就通过搭讪，先品出女生的性格、心理、喜恶，然后再试探性地投石问路，投其所好。我或像一个高大威猛、生活精彩的飞车老大，或扮成引经据典、谈古论今的才子，或变成经历坎坷、多愁善感的爱情中人，逗得她们心潮涌动，恨不得跳出屏幕，立马与我见面！

也别说，如法炮制，我还真逮着几个女生，她们有的甚至还忘情地留下真实地址和电话号码，通过电话对我诉说情意。

和"懒羊羊"相识是在4月。几句话接触，我就知道这女孩很内向，心里有太多的话需要向人倾诉。我摸准她的心理以后，就眨着眼睛给她编故事，当然是最容易赢得眼泪的爱情悲剧。我尽力把失败的恋爱编得曲折哀伤，显然，她的心被击中了，第一次接触，就把我当作朋友了。

过了一段时间，我觉得时机基本成熟，就大着胆儿，从别人那儿抄来一首调情小诗，给她发了过去。本以为她会反感，谁知"懒羊羊"犹豫一阵，很俏皮地"绕道"了。不过，她最后留下了联系方式。

有了真实的电话号码，我干脆把电话打到她的宿舍，软磨硬泡，想勾引她出来。或许是火候未到，她欲言又止，功亏一篑。

6月11日中午，和几个酒肉朋友喝完酒，也许是酒精的强烈刺激吧，我们的话语中，一刻也没有离开女色。其间，不知道是哪个色胆包天的，嚷嚷着要找个妞"玩玩"。

我不失时机地炫耀我的"能耐"，并把和"懒羊羊"的艳遇绘声绘色地描述了一番。大家一阵阵起哄，想把这个女生约出来，最后商量以过生日为名，设法将她骗出学校，乘机诱迫她。

一场恶行就这样开始了。

（三）

以上是案件发生的背景，随后我在案卷中，就看到丑恶的罪行在我们的身边展开。

武之晨、李朝阳、封云龙、张韵亦四个犯罪嫌疑人，平时都是社会上的"问题青年"。他们把大部分时间精力投入网上的寻欢作乐，每次相聚起哄，就让他们不计后果地头脑发热，在犯罪的边缘徘徊。这一次，他们浑然不知自己正开始向犯罪的深渊走去。

一番酝酿后，6月11日下午5点左右，先由武之晨、封云龙出面，来到秦伊敏所在学校的门口，找到附近一家商店的公共电话，直接拨通她宿舍的号码。恰好，秦伊敏和她寝室的同学都在。

"喂，你好，我是'灰太狼'。"听到那熟悉的声音，秦伊敏显得有点兴奋："你怎么这个时候打电话，又有什么理由约我呀？"武之晨撒谎道："二十年前的今天，新中国的大地上，又诞生了一枝美丽的花朵。你不想看看，二十年的风雨浇灌，花朵开得怎么样了吗？"秦伊敏会心地笑了，明白今天是"灰太狼"的生日，忙问他人在哪里。武之晨忙接话，说就在学校门外。秦伊敏在电话那边喊了一声："哇，你怎么来学校了？"

秦伊敏毕竟是外地人，对学校附近的地理情况不大熟悉，沉默了一会儿，又说："如果我出去，最好是见见面就行，饭嘛就免了吧。"见到"鱼儿"终于上钩，武之晨一阵窃喜："行，我在学校门口等你！"

答应以后，秦伊敏心里还不踏实，就邀同寝室的梅芳菲一起去做伴。两个女生嘻嘻哈哈地随意打扮了一番，蹦蹦跳跳向学校外走去。

她俩按约定走进校外一家小饭店，在一种新鲜、刺激、浪漫的氛围中，相互做了简单的介绍。秦伊敏坐在那里偷偷看了"灰太狼"几眼，果然是个二十岁左右的英俊青年，看上去开朗活泼，很有涵养。于是，当武之晨请她俩留下吃便饭时，她没有拒绝。

两个女生都很兴奋，心里防御的篱笆慢慢地拆除了。年轻人之间的距离很容易拉近，没过多长时间，他们俨然已是阔别已久的老朋友了。

饭菜刚刚端上，这时李朝阳、张韵亦两人按照事先的商量粉墨登场。见到他们，武之晨装作特别惊喜的样子，很自然地做过介绍后，也不顾两个女生是否同意，极力邀请两人入席。在半推半就中，六个人举杯同祝，气氛渐渐又活跃起来。

酒桌上，气氛被烘托得相当热烈，秦伊敏和梅芳菲经不住四人力劝，脸上喝得红扑扑的。几个人你一言我一语的，个个兴奋不已，不知不觉忘记了时间。

快到下午4点时，秦伊敏才想起还要回学校上课，便和梅芳菲站起来要告辞。这时，李朝阳别有用心地提议："今天玩得真尽兴，既然大家在一起这么有缘，走，去我家继续玩吧！"见两人还在犹豫，封云龙轻声说："放心，下午5点前保证把你们送回学校，不耽误事的。"说完，连哄带骗把她俩簇拥上一辆车，去了李朝阳家。

李家没人。于是，几个人坐在客厅里，热热闹闹地看起电视。突然，封云龙拽住梅芳菲的手，不由分说就往卧室里拉。进屋后，二话不说就反锁住门，一把将梅芳菲推倒在床上。

梅芳菲猛然清醒，拼命反抗，此时的封云龙像一条饿狼，瞪着血红的眼睛，不顾梅芳菲的苦苦哀求，发疯似的撕扯着她的衣服，肆意蹂躏她。

与此同时，在客厅的李朝阳也撕下斯文的面皮，把秦伊敏强行拉到一边，恫吓、威胁、肆无忌惮地动手动脚……而秦伊敏心目中的"好哥哥"武之晨，坐在电视机前，好像什么也没有看见似的，若无其事地吹着口哨。

一起特大强奸案就在这样一个平常的日子发生。

下面的情节，我不想再接着叙述，这桩案件就发生在这么不经意的日子里，暴行就出现在没有一点预测的瞬间。

今天，网络聊天司空见惯。在虚拟的世界，青少年阅历浅薄、社会经验缺乏、辨别好坏能力欠缺，倘若遇到不良之徒，如何避免网聊引发的性侵犯？

就本案来说，我主要想分享三点感受。

首先，在现代社会竞争压力不断加剧的情况下，家人的关心、朋友的支持和沟通能够给青少年绷紧的神经提供一个释放压力的空间。家庭和社会要用现实生活中的温暖和理解去代替虚幻未知的网络世界。

其次，要纠正网吧的违规经营。网络引起的性犯罪大多与网吧的不正当经营脱不了关系。网吧中大量畸形、错误的信息损害了年轻人的身心健康，为犯罪分子提供了犯罪的温床。

最后，涉世不深的女生，在网络聊天时，特别要对所谓的网络好友保持一点距离，保持应有的警惕。要分清虚拟与现实的差别，将精力多放在学习上，多和身边的同学沟通交流。如果出于好奇和需要，选择与网友见面，必须先搞清对方的真实身份，掌握真实情况。约见地点尽量选择公共场合，如闹市咖啡馆、大型商场、中心商业街等，切记第一次接触时，不要轻易放松警惕，近距离接触时多观察，不给那些心怀叵测的不良之徒提供任何可乘之机。

小贴士：当你无意中发现，孩子在网上和异性的联系有超越正常关系的苗头，你会用什么方法去规劝？

十五　错把自己当作世界的全部

（一）

这是一个让人最不愿意提起的问题，但是，又容不得我们回避。

生命，对于我们每个人，都一样公平，都只有一次！

爱惜自己，每天充满热情地天天向上，本应是每个阳光少年生活的日常，然而，在我们的现实生活中，却时常出现这样让人唏嘘慨叹的事。

这是一个极其平常的日子，凌晨时分，在河南某市一所中专院校 4 层高的教学楼上，一名 17 岁的女生，给这个世界留下一段临终告白后，匆匆地绝尘而去！

她给这个世界留下这样一段告白，原文如下：

> 妈今天给我发短信，看到之后很高兴。如果我是个心理正常的人，我会非常感谢老天给了我一个幸福的家，有妈妈爸爸姐姐爱我。可我觉得我好像真的有病，心理很不正常，总觉得这个世界很

没意思，不管做什么都没意思。我不喜欢学习，不想面对社会，不想面对陌生人，所以我选择走自己的路。不是不想告诉你们，只是我真的没有用（勇）气告诉你们……我只能感到抱歉！……爸爸、妈妈、姐姐，对不起！

周围人试图揭开这位女生自杀之谜，于是开始寻找死者生前思想转变的蛛丝马迹。

介入调查的警方发现，这个女生有写日记的习惯。从日记中可以看出，她至少在一个月前就有轻生的念头。她在日记中曾多次提到"自己选择的路"，甚至在事发前一天的日记中写道："今天应该是我人生的最后一天，我准备今晚走向天堂。"

就连这位同学生前要好的同学，都为她绝尘而去感到惊讶。从外表看，这位女生生前一直开开心心的，没发现任何问题。而日记却十分明显地告诉世人，她竟然有如此严重的心理疾病。

发生这样的悲剧，并非是个案。

据说，自杀已经成为现代社会人类的十大死因之一。世界卫生组织的统计数据表明，全世界每年约有 100 万人死于自杀，平均 40 秒左右就有一人死于自杀，每 3 秒就有一人自杀未遂。

据中国心理卫生协会的相关资料显示，自杀在中国已成为位列第五的死亡原因，仅次于心脑血管疾病、恶性肿瘤、呼吸系统疾病和意外死亡。而在 15—34 岁的人群中，自杀更是成为首位死因。

近年来，自杀已成为十分凸显的社会问题，引起了社会各界的广泛关注。

现在是我们把脉一下这种心病的时候了。

（二）

面对发生在身边的一幕幕血的惨剧，我们不禁要追问：时下社会，那些"八九点钟的太阳"的世界观、人生观、价值观，究竟出了什么问题？

他们中一些人的心理为什么会如此迷惘，性格为什么会如此偏执，神经为什么会如此脆弱？

为什么动辄就要自杀？为什么特别轻易就走向绝路？

身边很多例子告诉我们，那些容易走极端的青少年学生，往往自尊心、虚荣心太强，又目光太短、心眼太窄、火气太大，行为又很偏激。总习惯于被人宠着、哄着、捧着、顺着，受不了委屈，经不起挫折，稍不顺心，就拿生命当儿戏，直至把自己的生命和他人的生命也不当回事。

这实在可怕又危险。

值得注意的是，在我们周围，有些具有普遍性的社会问题，对青少年学生来说犹如"不定时炸弹"，随时随地可能爆炸，酿成悲剧，害人害己。

根据一家媒体报道，在一个极其平常的日子，中午 12 时 40 分，正是下班高峰，一名刚毕业的中专学生，骑车到解放路市人民医院附近天桥的钢架上，准备自杀。

一个年纪轻轻的小伙子，为何这么轻率要自杀？

小伙子自称姓郑，家在马村区，父母以种地为生。他文凭不高，自觉前路茫茫，对未来完全失去信心。后来他被警察救下来后，在谈到自杀的原因时，这样解释说，由于生活艰辛和家庭的原因，他荒唐地产生成为女人的想法，认为成为女人就不用这么辛苦，还可以气气家人。

男孩说，自从有了这个念头，潜移默化中，他已经把自己当成了女人。为了实现愿望，他找到公安机关开证明，遭到拒绝。"为此我自杀过 5 次，可每次都被民警及时发现救下。"

小伙子说："没有追求地活着，不如痛快地去死。"

原来，他想做变性手术成为一名女子，因为得不到家人的支持，愿望无法实现，竟然选择自杀。

下面，摘录一部分他和记者的对话。

记者："为什么要变性？"

小郑："我想报复家人，我恨他们，想让他们在村里丢人。"

记者："为何要选择变性手术？"

小郑："我上的是中专，以后很难找个好工作，尤其是男孩子。小女孩就不用干体力活儿，我希望自己是个女的。现在社会上男女比例失调，女孩不管在什么方面都比男孩有优势，当男的生活太辛苦，出力也挣不到什么钱。"

记者："怎么知道做变性手术的？"

小郑："我是通过网络知道的，网友也会交流变性手术什么的。"

记者："怀疑过自己吗？认为自己心理有问题吗？"

小郑："是的，我也认识到自己心理有问题，还花钱找到心理医生。心理医生告诉我，外界的力量是无法改变我的，成为女人也无法改变现状，他让我通过自己的努力改变现在贫困的生活。我认为心理医生说得不对，我成为女人，情况肯定会变好，我的梦想就是变成女的。"

可以看出，青少年学生出现自杀倾向，说明他们在面对现实时，没有人生的方向，失去生存的意志，已经没有勇气和力量来战胜压力和痛苦。

采取走向死亡的决定是一种意志行为，稀里糊涂毁灭自己，表示出死亡意志已经形成。在失去生的欲望，形成死的决心的挣扎中，他们一定进行过剧烈的斗争。

可以想见，抉择的痛苦是极其深重的，这种痛苦的强烈程度远远超过求生的欲望。

在生的欲望与死的欲望的斗争中，可悲的是，死的欲望战胜了生的欲望，只有在彼时，才真正形成了自杀的动机。

说白了，之所以出现这样的倾向，其实就是有些青少年学生心理出现了严重问题。

（三）

根据有关研究发现，当前一些青少年学生的心理问题集中表现为以下五大症状：

一是焦虑。焦虑是一种情绪反应，是个体对当前或预感到的挫折产生的一种紧张、忧虑、不安而兼有恐惧的消极的情绪状态。

"我生活在压力中，从出生那天起，父母就对我严加管教，我一直在无形的压力中成长。"一位曾经想自杀的女生在作文中这样写道。

她对最信赖的一个朋友说："我们的压力很大，可老师和家长根本就不理解我们，我们一直生活在寂寞中。上了中学，就更没有人理解我们。我们爱热闹、喜欢非主流，父母总会板着脸说这是不好的现象，你说我们的心里话能向谁诉说呢？老师和家长总认为我们是孩子，不给我们留一点儿空间，你说我们在家长的监护下如何才能成长？"

二是冷漠。冷漠是个体遇到挫折后的一种防御手段。具有这种性格的人，缺乏进取精神，对任何事都不感兴趣，终日随波逐流，无所事事。

三是狭隘。狭隘表现为受到委屈或遭到贬低时，思想上产生"意结"，常常为一些小的意见和得失而烦恼，深陷其中不能自拔，遇事好猜疑，万事爱计较。

一个被称为"神童"的女中学生，12 岁被保送进重点高中，在当地被誉为"神童"。有一日，她在校内池塘自杀。自杀的原因，竟然是她感到不看课外书不行，而她在上英语课时看杂志受到老师批评，为此感到了难以承受的压力。

她的自杀，并无很复杂的原因，也没有激化到出人命那个程度的矛盾，更没有什么过不去的"坎儿"。可是，最后竟然酿成悲剧，实在令人惋惜。

四是狂妄自大。狂妄自大是对自己的品质和才能给予过高的估价，而产生的一种虚狂的心理状态。具体表现为：自以为是、任性逞能、目中无人、事事以自我为中心等。

五是自卑。自卑表现为完全丧失信心、胆子小，或信心不足。病态的表现为：怕见生人，手足无措，唯恐别人笑话自己，对前途完全失去信心，人际关系冷漠。

有一名跳楼身亡的女生，经历过两次高考失利。由于父母离异，父亲一直租房跟女儿陪读，但女儿精神状态不好，唯恐别人笑话，每天待在屋子，不愿意见人，对人相当冷漠。女孩跳楼当天下午，父女间曾有过激烈争吵，女生一气之下，觉得全世界的人没有一个值得留念，没有一丝眷恋，竟然从 6 楼跳下。

这种典型的心理疾病，竟这样无端残害了一个如花的青春！

那么，怎样才算有一个健康的心理呢？根据一些研究青少年问题的心理学家归纳的类型，下面七点可以作为我们衡量青少年心理健康的参考依据。

（1）能保持对学习较浓厚的兴趣和求知欲望。

（2）能保持正确的自我意识，接纳自我。自我意识是人格的核心，指人对自己与周围世界关系的认识和体验。

（3）能协调与控制情绪，保持良好的心境。心理健康者经常能保持愉快、自信、满足的心情，善于从行动中寻求乐趣，对生活充满希望，情绪稳定。

（4）能保持和谐的人际关系，乐于交往。

（5）能保持完整统一的人格品质。心理健康的最终目标是保持人格的完整性，培养健全人格。人格完整是指人格构成的气质、能力、性格和理想、信念、人生观等各方面平衡发展。

（6）能保持良好的环境适应能力，包括正确认识环境及处理个人和环境的关系。

（7）心理行为符合年龄特征。一个人的心理行为经常严重地偏离自己的年龄特征，一般都是心理不健康的表现。

建立正确的三观，塑造健康的人格，是抵御人生灾难的盾牌。为此，我建议在青少年成长的过程中，社会、学校、家庭，要切实从关爱青少年的心灵成长下实功夫、真功夫，努力为青少年的健康成长，提供一个宽松、包容、温暖的环境，激发青少年保持开朗的心境，引导青少年学会控制和调节自己的情绪，维持积极、健康的情绪状态。针对特殊情况，注意加强意志磨炼，从而使青少年养成自觉主动地控制自己行为的习惯，培养经受挫折的耐受力，从而使青少年不盲目冲动，不消极低沉，始终保持乐观的生活态度。通过多种方式，注意性格完善，培养青少年自觉检查修正自己的性格特点的能力；多鼓励，多言传身教，在潜移默化中使青少年养成良好的思维品质，具有独立分析问题和解决问题的能力。用心去培养青少年良好的情操，加强思想品德修养，为他们树立科学的世界观、人生观，注重社会实践，提高综合素质，用积极向上的心态去迎接一路的人生风雨。

联合国专家预测，未来，没有任何一种灾难能像心理冲突一样，带给人们持续而深刻的痛苦。

加强对中小学生进行心理训练，提升其心理品质，成为让每一个青少年学生健康生活的必经之路。

在这个过程中，除了开展体育活动、文艺活动，干力所能及的劳动，心理老师进行积极疏导外，还有一种十分重要的能力，容易被我们忽视，那就是语境心理训练法。

根据神经心理学相关研究发现，通过读书、演说、朗诵等积极的语境心理训练，能够让学生身心沉浸其中，体验美好情感，从而收到意想不到的良好效果，达到一种时空和精神的有效表达，有效驱散不良情绪的影响，焕发生命活力。

我们要多鼓励学生参加课外读书交流活动，参加诗歌朗诵比赛，勇敢登台演讲展示，组织歌咏比赛，不但能治愈坏情绪，还能让学生精力更充沛，更可借助这一积极心理训练，帮助学生主动表达，克服社交障碍，使其性格变得更加开朗。

演说语境心理训练法，途径十分清晰，通过读书、演说、唱歌等积极的心理沉浸，提升愉悦感，释放积极正能量。

谁都不可能陪伴孩子一生，从小发现孩子的兴趣点，积极鼓励，多加培养，让这一爱好成为其一生的最爱，无疑，是父母送给孩子最好的礼物。

小贴士：你是否经常和全家一起，利用节日或者假期去外边郊游、团聚、做大家都能参与的活动？

第六辑　成长"心"隐患

一个三岁的男孩，在一间黑屋子里大叫：

"阿姨，和我说话！"

"我害怕，这里太黑了。"

阿姨说："那样做有什么用？你又看不到我。"

男孩回答："没关系，有人说话就带来了光。"

回应，就能找到光明。

没有回应，家也是绝境，前方危险重重！

十六　缺乏感恩的世界，充斥的都是黑暗

当我接到主办检察官递交给我的案卷时，心中五味杂陈。事前，我听过检察官简单的案情介绍，已觉十分诧异。而随着对案情的彻底了解，我总觉如鲠在喉，不吐不快。如果今天不把这个真实案件分享给读者朋友，引起更多关心青少年一代成长的人们去关注，去思考，去行动，于我个人而言，将是一种失职。

（一）

一个秋高气爽的下午，某广告公司总经理黎良把工作安排后，携妻女一道开着自家的红色小轿车，向河南温县飞驰而去。

时年 42 岁的黎良，出生在河南温县农村，为人正派诚信，豪爽讲义气。他朋友多门路广，公司生意越做越大，在河南广告界名气不小。渐渐有了钱的他本性不移，乐善好施、孝敬父母、疼爱妻女、体贴下属，人缘很好。

再说那天不到天黑，一家人先来到温县县城岳母家。第二天中午没来得及休息，黎良安置好妻女，独自驾车去看望住在乡下的父母，并准

169

备和一些老朋友会面。夫妻两人商定，第二天下午两点在县城相聚，然后全家一起返郑。

然而，早已超过约定时间，始终见不到黎良的身影。焦急的妻子多次拨打电话，丈夫的手机却一直处于关机状态。

从村庄到县城，也不过 20 分钟路程，难道车在半道抛锚了？不会的，出现这种事，办事稳妥的丈夫会打招呼的。路上违章被扣押了吗？出门时证件都带齐全，不可能有违章的情况发生……妻子想了很多可能，最后都一一推翻了。

正在这时，从外面刚回家的弟弟冯浩，猛然想起一件事：昨夜姐夫曾给他打过一个电话，约好在县城一起吃饭聊聊。可冯浩一直等到夜里快 9 点，打电话和姐夫联系，却关着机，以为姐夫有什么别的事没有赴约，就没太在意。

听弟弟这么一说，妻子冯应脸色大变，这才急忙和婆家联系。

接通电话的大伯哥说："黎良昨晚吃过饭，就开车回县城了啊。"

一种不祥的预感萦绕在大家心头。

冯应立即让弟弟找来亲友，分头帮助联系寻找。大家分头行动，有的和郑州方面联系，有的到县里交通部门打听，有的沿着可能行驶的路线搜寻，有的甚至到县里的医院一家家寻找。可找来找去，都没有发现黎良的踪影。

大家心急如焚，恰在此时，一个可怕的噩耗降临：有人在沁阳到温县一处公路发现一辆丢弃的红色小轿车，车里有一个被害的中年男子。警方紧急行动，在车内发现一张黄河大桥的收费票据、半盒崭新的名片，经核实，很快确认了被害人的身份——河南某广告公司总经理黎良！

是仇杀还是情杀，一时众说纷纭，迷雾重重。

警方迅速逐一展开排查，随着侦查工作的逐步深入，一个个疑点逐步被排除。

　　黎良生前是一个生活作风严谨、与人为善的豪爽之人，在商场也没和谁结下冤仇。相反，他为人仗义，慷慨大方，重感情，爱妻女，没有发现因情因仇遭遇他杀的可能。

　　令人费解的是，假如这桩案件是抢劫杀人，犯罪嫌疑人为什么不抢汽车，反而在光天化日之下把车丢弃？为什么选择在黎良老家温县下手呢？这一切究竟纯属巧合，还是另有所图呢？

　　案件一时没有进展。

（二）

　　从现场看，犯罪分子作案手段很残忍，黎良脖子上有深深的勒印，穿的白衬衣血迹斑斑。警方初步推断，他可能是被人扼颈而窒息身亡的，生前曾激烈反抗过，死后双眼圆睁，似乎带着太多的不解和愤怒！

　　围绕黎良的蹊跷被害，警方汇集多方信息，不断筛选分析，最后把目标锁定在手上有搏斗伤痕、20岁左右的人群中。于是，一场拉网式大搜索在悄然进行。

　　很快，有一条重要线索出现！

　　民警吴东平在张寺村排查时，遇到一位学生模样的少年正在小卖部替父亲买烟，于是，随口就问："你是干什么的啊？"

　　看到眼前的警察，少年显得有些惊恐，躲闪着回答："我……我……我在家……不……在郑州上学。"看到对方的神情，吴东平紧追不放，又发现对方的手上有伤痕，厉声质问此伤是怎么回事。少年哆哆嗦嗦，说是夜里回家跳窗划破的。察觉出对方身上疑点不少，吴东平就把他带到村委办公室。

一问，才知道少年名叫马瑞风。警方就从他手上的伤痕查起，安排人跑到马家查看，发现马家窗玻璃上都是厚厚的灰尘，蜘蛛网很多，铁钉锈迹斑斑，不存在换新玻璃的痕迹！

显然，少年马瑞风在回避着什么。

随即，马瑞风被带到专案指挥部接受详细调查。在强大的攻势下，他心理防线彻底崩溃，结结巴巴地问："像我这样的事，能判几年啊？"

他低下头，一口气把犯罪前后的经过一字不漏地坦白交代了。在他的指认下，其他两名同伙马璇、马杰当日相继落网。

一直在家里等着儿子买烟回来的马老汉，左等右等，最后竟等来儿子是杀人凶手的消息！

儿子从小连鸡都不敢杀，怎么可能去干那种伤天害理的事呢？

马老汉无法亲自找儿子求证，带着满脑子的不解，花钱请了个律师，特意请求律师代问。假如真是儿子干的，是怎样干的？怎么会有这种念头？详细经过是什么样的？

依照法律程序，律师在高墙铁网下见到了马瑞风。在和马瑞风确认犯罪事实后，律师将他的犯罪经过详细告诉了马老汉。马老汉了解真实情况后，捶胸顿足，痛悔不已。

（三）

出身贫困家庭的马瑞风，是在父母对贫穷生活的叹息声中长大。为摆脱贫困，心性很高的他勤奋读书，从小学到高中，一直是班里的尖子生，在初三那年，还被评为全市三好学生。那年，马瑞风考进某学院，并被推选为学生会体育部长和团委书记。

然而，在他的成长中，无论学业再优秀，为人再好，因为一个"穷"字，他总觉得在同学面前难以挺直腰杆，内心十分自卑。他和同村一道来大城市求学的马璇同病相怜，谈论最多的话题就是金钱，二人绞尽脑汁想摆脱经济上的穷困。

那年国庆前夕，马瑞风想给家里打电话，就找一位有手机的同学跟父母联系。谁知，这位同学不但没借，反而当众把他奚落了一番，羞得马瑞风无地自容，暗下决心一定要有自己的手机。他把这种想法说给马璇，两个人商量来商量去，幼稚地想出一个可怕方案：瞄准机会，找个出租车司机下手，把对方搞晕抢部手机，好在同学面前风光风光。

国庆长假回到老家，两人见到从小的好友马杰，说起这事一拍即合，大家都为没钱烦恼着，哪肯错过机会。

一日傍晚，马瑞风三人从家出发，徒步走到邻近的大尚村西站牌前，装作等车的样子，伺机对来往的出租车下手。

等了几辆出租车发现都有人。

他们转身想离开，前面驶来一辆红色小轿车。马瑞风下意识地抬了抬手，小车停在他们跟前。

车里只有司机一人，车窗打开，传来亲切的男中音："喂，小伙子们，是不是想搭车啊？"

马瑞风心头一喜，慌忙靠近："是啊，叔叔，到关召村，我们三个人要给多少钱？"

里面的人笑了，显得很豪爽："什么钱不钱的，不就是搭乘一段路嘛！我们正好是顺路，上车吧！"

车里播放着舒缓的音乐，三人的心跳得很厉害。车主友好地自我介绍："我姓黎，老家是咱温县的，在郑州开公司做生意！"说完，很潇洒地从塑料盒中抽出一张名片，"以后有什么事到郑州，尽管去找我！"

坐在副驾驶位子的马瑞风恭敬地双手接过，名片上印着某广告公司总经理黎良的字样。他眼前一亮，羡慕地说："您是总经理啊！"后边坐着的二人一听，立马来了精神，同时把头探了过去。

见到一位省城的老总，马瑞风眼里放着光："叔，你是大企业家啊？"司机哈哈大笑："什么家不家的，只是不用为钱发愁罢了！"

一提起钱，车上三个年轻人不说话了。一个是衣食无忧的款爷，三个是正为钱发疯的穷学生。此时的黎良，没有体察出车内年轻人的感受，继续一边开着车，一边阔谈着自己的发财史。

其实，在三人内心深处，对富人有一种天然敌意。在闲谈中得知黎良几年工夫就发了财，马瑞风突然脑子里闪出"马无夜草不肥，人无横财不富"这句话。

哼，又是一个发了横财的！

就在这时，黎良的手机响了，三个人看到黎良很优雅地从衣兜里掏出一款新式手机，高声接听起来。

黎良拿出手机的一瞬间，更牵动了三人敏感的神经。

马璇几次向坐在前排的马瑞风示意动手，马瑞风好像有些顾虑，暗示同伙等待机会再下手。

小车快到关召村口时，不知是谁轻轻喊："到啦！"黎良闻听此言，减速后慢慢把车停稳在路边。

"再不动手就没机会了！"

马璇心里想着，麻利地从衣兜里掏出电线绳，猛然勒住了黎良的脖子。"干什么？喂喂，你们不就是要钱吗？说，要多少？"回过神来的黎良，突然被眼前的一幕惊醒，意识到问题的严重，挣扎着想和歹徒周旋。

坐在一旁的马瑞风按住黎良的右手，厉声呵斥："放明白点，不要反抗！"

言毕，三人发疯似的卡脖子、勒绳子、按双手，毫无一点反抗意识的黎良，就这样一点点没有了气息……

三人迫不及待地在车内和黎良身上搜寻钱财，令他们失望的是，竟然没有找到一分钱。

"这么有能耐的老总，身上怎么可能没有钱？"

马璇气哼哼地把黎良抬到正副驾驶座位之间，然后把车开到紫黄公路的拐弯处，三人骂骂咧咧地抓起黎良的手机和一副白手套，迅速消失在夜色中。

回到家中，马瑞风后悔莫及，为抢一部手机，竟付出这样大的代价，这是当初始料不及的。

他找理由安慰自己：与被害人的关系八竿子打不着，警察纵有再大能耐，绝对不会把杀人的事摸查到自己头上。

那几日，马瑞风和马璇在一起时，常常你看看我，我瞧瞧你，谁也说不出话来，但又不肯分开。他们祈祷假期快快结束。他们天真地以为，只要走进学校，警察就永远不会找到凶手。

然而，再狡猾的狐狸也斗不过好猎手。假期还未结束，他们就落入法网了。

本案犯罪事实清楚，证据确凿，犯罪嫌疑人对所犯罪行供认不讳。羁押期间，可能是良心发现，三人表现出极大的悔意，特别是马瑞风，陷入深深的痛苦和悔恨之中。

在开庭前夕，马瑞风写了8页的信，委托律师转交死者的父亲。这里我摘录一段，以警示后人。

因为我们的犯罪行为，而使我那好心的叔叔（黎良）失去了宝贵的生命，从而对您和您的家庭造成了不可挽回的损失。他是一个好人，热心肠的人，没一点防备，与我们无冤无仇。可我们恩将仇报，犯下了不可饶恕的罪孽，毁了您的家，也毁了自己的一生，沉痛的教训！沉重的代价！

一个有恩于他们的人，竟然因为三人的一点小心思，活活被勒死在他们的手下！此案值得深思的地方有很多，在此就感恩问题，我谈点案件之外的话。

在我对大学生马瑞风的实地调查中，发现一个特别值得注意的问题。他一路成长，学业成绩优异，智商很高，在老师和同学眼中，比较优秀。但是，再向深处了解，发现这个贫寒的家庭在教育子女问题上有很大问题。父母从小就对马瑞风娇生惯养，因为觉得这个男孩聪明伶俐，在周围受夸赞多，家长把他当作一个宝。尽管家里穷，条件不太好，但有了好吃的好穿的，都是以马瑞风为中心，从而形成了他特别自我的性格。他对父母的奉献，不但没有感受到应该回报，反而觉得一切都是天经地义，从来不懂得感激，也不懂得感恩，变得自私又冷漠。而正是这种错爱和由此带来的畸形成长，为他以后走向犯罪，埋下重重的伏笔。

马瑞风的父亲，始终对自己儿子去杀人心存惊诧和费解。其实，他的很多教育方式，不能不说与此案的发生有很大的关系。

家庭成长环境，对一个孩子的健康成长实在有太重要的关系了。

加强对孩子的感恩教育，其实就是为了让孩子从小形成懂得尊重别人、心存感激的情感。一个懂得感恩的孩子，一定有一个特别优秀的第一任老师。

家庭是教育孩子成长的第一个、也是永远的学校。其中，父母自己做到关心、感恩老人，关爱、感激他人，孩子自然会受影响。特别是接受帮助时，一定要孩子知道表示感谢。

　　我观察发现，善于以身作则的父母，很多都会有意识地把孩子带到自己工作现场，让孩子一起参与劳动，亲身感受一下父母工作的艰辛，挣钱的不易，知道父母所付出的一切不是理所当然的。还有一些懂得感恩教育的家庭，特别会善于利用一些仪式感，如每年的春节、父亲节、母亲节、重阳节等节日，不失时机地强化感恩教育。我有一对青年夫妻邻居，特别会教育孩子，平时一有机会就让孩子参与各种劳动，让孩子亲身体验，换位思考，从而懂得主动尊敬他人，心存善良。他家的孩子，小小年龄，家中洗碗、擦地，外边帮妈妈看店、服务顾客，人见人夸。

　　其实，在家庭教育中，父母让孩子学会感恩，可以采用很多形式。比如有时间的话，带孩子到孤儿院或福利院参观，鼓励、组织孩子与贫困地区的孩子结对交友等，让孩子在真切的实践中，怀有慈悲心、惜福心、感恩心。懂得感恩的孩子，就不会恩将仇报，也可以避免上述悲剧的发生！

　　小贴士：当你的亲人、同事或朋友带着热情来到你家，你的孩子是怎样待客的？

十七 自私如"癌"，堵塞正常做人通道

（一）

时间如白驹过隙，这桩学子残忍杀害同宿舍室友的案件，尽管已经是两年前的事，但一谈及校园暴力犯罪，此案却是永远迈不过去的。

在检察审查环节，当我第一次随办案检察官见到郭松时，无论如何，也不能把眼前还透着几分稚气的大男孩和一个杀人凶犯画上等号。这个孩子有高高的个头，适中的体型，干净稚气的面孔，是什么心魔的驱使，竟然让他干出如此大逆不道之事？

带着众多疑问，我查阅了郭松的犯罪卷宗，也深入案发的学校和他的老家，试图去寻找一些案外的线索。我一直认为，检察官办理的每一起案件，其实就是一个人的人生。更何况这个学子犯罪背后的故事，一定有值得我们去思索的诸多问题。

在对郭松提起公诉的法庭上，一起坐在旁听席的未成年人检察部赵检察官，怅然地悄悄告诉我，从案发到开庭，已经过去3个多月的时间，郭松始终显得极为平静，好像一切都与自己无关。

我有点诧异，不由得向传唤他到庭的那个门口望去。随着法官一声庄严的指令，我亲眼看到，在法警将其带入法庭的刹那，他真的神情平静，还有点满不在乎的样子，甚至没有向旁听席上的家人张望片刻，而是按照要求，直接站在了被告人的指定位置。

"被告人郭松，请问你是什么时间出生？"

当他清晰地回答完这句问话，我分明听到台下一片唏嘘。

在问到其文化程度时，郭松略微思索一下，才回答是大专。

在整个庭审阶段，我一直带着他为什么那么凶残、怎么下得去手杀害"上铺兄弟"的疑问，捕捉公诉人、辩护人以及两位证人等多方提供的证据，更特别想知道，这个外表有点稚嫩的学子是如何表述在外人看来既残忍又令人不可思议的作案过程的。下面是郭松的陈述。

自从上学分在一个寝室，赵方正睡觉总打呼噜，一直影响我休息，搞得我又懊恼又无奈。有一次，我突发奇想，做了一个小视频，很快传到朋友圈。赵方正知道后，特别生气，就和我吵了起来，我也不示弱，双方发生口角，最后闹得很不愉快。以后，谁也不再理会谁，每天回到宿舍休息，时常低头不见抬头见的，却再也不开口说话。

事发前两天，他又把这事拽出来，婆婆妈妈的，当着同学的面说了我一堆坏话。那些时日，我本来就心烦意乱，他又这样不依不饶，我确实有点小崩溃，觉得特别窝火、没面子。男子汉大丈夫，士可杀不可辱，我决定给他点颜色看看，不能就这么忍气吞声。

心里想着不快，肚里憋着怨气。在事发前一天，我索性走出校门，到附近的农贸市场转悠，顺便就买了一把刀。

那晚，我心里很纠结，就一直玩游戏，直到 11 点熄灯躺下时还不能入睡。

到凌晨 3 点半左右，我起来拿出刀，走到赵方正床前。他在上铺，我站在床头的桌子上面,掀开赵方正的被子。他当时仰面朝上平躺着。我右手握刀,朝他胸部扎了几刀,然后拉起他的被子,死死捂住他的嘴,直到他不动了我才松手。我捅了赵方正胸部三四刀,不超过五刀。

作案后,我用手机打110报警,告诉接警员我们的位置,说这里发生杀人案了。

这时,我们寝室的其他同学也都起了床,见此情景,有的慌忙给辅导员打电话,有的打120,有的哆哆嗦嗦四处找老师。同学小琼想去拿地上的刀,我没让。我坐在自己的床上,用毛巾擦手上和身上的血,擦完以后把衣服穿上,坐在床上等警察来。

根据郭松在法庭上的供述,他曾遭受过赵方正的三次辱骂,一次是因为关门声音大,赵方正骂了他一句;第二次是同学在一起,因为一件小事,赵方正又当场骂了他一句。这两次,郭松都没有和赵方正争论,但是却让他感到,自尊心受到了极大的伤害,一直觉得不舒服。

"有一天,我俩当时都在寝室玩游戏,他在游戏里扮演的角色被游戏里的盗贼弄死了,他就悻悻骂盗贼,说练盗贼的人肯定都有心理疾病。"

说起此次行凶的导火索,郭松这样供述道,自己在游戏中扮演的角色恰恰就是盗贼,这一点赵方正也是心知肚明的。"我听了这话以后,就觉得赵方正骂的人是我。于是暗下决心,如果他再骂我,我就杀死他,让他永远开不了口。"

在法庭辩论阶段,公诉人提出,郭松因生活琐事与赵方正产生矛盾,遂购买凶器将被害人刺死,有蓄谋杀死被害人的主观故意,并做了充分的准备。

"郭松故意杀人罪成立,应当受到法律的严惩。同时,郭松在作案后主动投案,其行为构成投案自首,可以从轻或减轻处罚。"公诉人在法庭上发表了对郭松的量刑意见。

当审判长对郭松说他可以自行辩护时，郭松却表示："我没有过多的辩护。"

法庭上，在公诉人的指控下，在面对受害者赵方正家人声泪俱下的控诉后，郭松在作最后陈述时，我终于听到他言语中带着的悔意。

"我痛恨自己的罪行，毕竟对社会造成巨大危害，对被害人家属在精神和经济上造成了损失，在这里我要向被害人家属说声对不起，但我更对不起自己的家人，对不起亲人、朋友，对不起一切曾关心帮助过我的人。今生报答不了，来世再报。"

但是，对于郭松轻飘飘的忏悔，在旁听席上的赵方正父母并不接受，在陈述时特别强调，杀人偿命，欠债还钱。他们并不认为郭松在案发后的行为属于自首，也不认同他的悔罪态度。

"你说我儿子打呼噜是毛病吗？"赵方正母亲孙爱华几次昏厥，哭诉道。赵方正的家庭比较困难，是家里的独子，现在全家人的希望破灭，对他父母来说无疑是灭顶之灾。

在诉讼过程中，作为附带民事诉讼的原告，赵方正的家人向法院提起附带民事诉讼，请求郭松赔偿赵方正的死亡赔偿金、被抚养人生活费等共计50余万元。

在法庭上，对于给被害人家属造成的损失，郭松表示愿意进行赔偿。当审判长问他是否同意委托进行赔偿时，郭松表示不同意，因为他知道家里的经济状况不是很好。

由于郭松将被判重刑，没有赔偿的能力，在审判长的追问下，他很不情愿地表示，由他母亲作为民事赔偿的委托人。

此时，一名戴着口罩的中年妇女早已泣不成声，她正是郭松的母亲。她当庭表示，自己可以作为儿子的民事赔偿委托人。

当审判长询问赵方正的家人是否愿意在民事赔偿部分进行调解时，经过商议，赵方正的家人请求赔偿金额共计 46 万元。此时，审判长转向郭松，问道："被告人，你是什么意见？"郭松似乎良心发现，说："我应该赔，必须得赔……"

在庄严的法庭，我置身其中，分明感受到此时的郭松只有无尽的追悔，只有良心的不安，只有对法律的恐惧。

（二）

人与动物的区别，其实就是人有理智且受到过教育。

当人类受到的教育越少时，其行为越趋向于动物。这里的教育不单指在学校学习的书本知识的教育，更有来自家庭和社会的教育。

为人处世和待人接物都是需要学习的，这是我们在这个社会生存的根本。就一个人品格的养成和教育的过程而言，家庭教育既是教育的起点，也是一切教育的基础。

通过对此案的前后调查了解，我可以负责任地说，家庭教育中"爱的教育"严重缺失，是一个"性本善"的孩子变得逐渐残忍暴戾的重要原因。

亲身经历那场别样的庭审，我心中留下太多的叹息。尤其是郭松的父亲，依我对他进行的采访和交谈，能强烈感受到，他一定特别后悔，在深刻反思自己以往的教育出现的偏差。

郭松的父亲郭力量，是工厂一名普通的电焊工。自结婚后，因为老家在农村，在这个城市没有固定住处，就一直和妻子的娘家人住在一起。夫妻俩生有一子郭松，早年妻子除了带孩子，就是做些零活儿，比如饭店服务员、化妆品推销员、保险公司职员等。

由于夫妻俩缺乏沟通，性格不合，时常三天一小吵，十天一大吵，几次吵闹着离婚，最后都妥协了。当生活被柴米油盐磨去了光彩后，剩下的，只有一地鸡毛。

在凑合过的日子里，郭松妈妈从内心瞧不起郭松爸爸，当初婚前的那点爱恋，被郭松爸爸的平庸取代。郭松爸爸时常面对的，是恶言恶语和冷嘲热讽。

在家庭中憋着一肚子委屈的郭力量，没有能力去征服世界，也没有本事去赢得妻子的尊重，最后破罐子破摔，把拳头伸向更柔弱的儿子，郭松成为他发泄不满的最好的出口。

父子两个人在一起相处时，稍有不如意，或者看不惯的东西，郭力量就对儿子拳打脚踢。尤其是在喝了劣质酒后，郭力量自觉老子天下第一，对儿子说打就打，说骂就骂，似乎只有这样，才能显示自己在家庭的存在感。小小年龄的郭松，本来挺活泼可爱的，在暴躁父亲的"指教"下，开始沉默寡言，内心充满着委屈和不平。

本来善良柔弱的郭松，是在什么时候突然变现出强烈的攻击性呢？应该是在他青春期时。有一次，因为一点小误会，郭松和一个同学发生争吵，两个人就动了手，本来没有占上风的郭松，心里有些憋屈。谁知，这位同学回家向大人告状，家长不分青红皂白，闯进郭松的家中，和郭松的父亲大吵了一顿。对方家长在社会上有钱有地位，人又高大，郭力量受尽屈辱。和对方家长没有理出头绪，就把一肚子怨气撒向自己的儿子，狠狠地暴打了郭松一顿，气得郭松仰天大哭，无理可说。

郭松处于青春叛逆期，对父亲的家暴，内心充满反感和憎恶，认为自己就是父亲的出气筒，家里毫无一点温暖和关爱。

从郭松的成长过程来看，他并非天生具有暴力倾向，更多是因为在家庭教育中，没有感受到温暖，缺乏家长的关心爱护和应有的正确引导，从而导致他开始选择用暴力的方式来证明自己的存在，展示自己的能力。

在调查郭松犯罪一案中，我对引发校园暴力背后的家庭教育问题做了一次深入的研究和分析，那些有暴力倾向的孩子，其家庭教育存在诸多隐忧。

众多暴力事件发生的背后，如果去追根溯源，就会发现其中大多都是因为家长从小对孩子的教育指导方向有误。有的家长，不能正确处理家庭矛盾和问题，在孩子面前，毫不避讳地家暴，在孩子幼小时，情感特别敏感的阶段，让家庭充斥着争吵谩骂。还有些家长错误地认为孩子在校发生摩擦是正常现象，小打小闹不必大惊小怪；有的甚至认为是学校老师的事，一推了之，自己则多一事不如少一事。在自己的孩子遇到勒索或者校园暴力时，默许孩子以暴制暴，觉得只有这样，孩子以后走向社会才不至于被人欺负。

校园暴力还有一个重要诱因，就是个别家长对孩子从小过分溺爱娇纵，百依百顺，逐渐使孩子养成自私型人格。一旦和他人接触产生矛盾，受到挫折，特别容易引起情绪上的冲动和愤怒，进而做出对特定对象的报复攻击行为。

（三）

在检察机关经历的案件多了，就会有一种特别的感慨：每发生一起暴力犯罪案件，在外人看来，或许感受不深，但对当事者家庭，最起码是双方的家庭牵连特别大，受到的伤害也最深。从此以后，无数个梦魇般的日子在等待他们去承受，再也不能恢复往日的安宁和平静。

每起校园暴力案件，都会引发关注。人们多会质疑学校管理、校园安全、社会影响，以及学生心理问题。作为一名学生家长，在关注、震惊、感叹之余，为了不让悲剧在自己身上重演，是不是应切实警醒起来，深刻反思自己的教育，尤其是家庭教育！

作为家长，我们要做的，就是在孩子一路成长阶段，切实担当责任，千万不可大意，应放下心存的侥幸，未雨绸缪，防患于未然。

每一位校园暴力的施暴者，都是爱的缺乏者，只有爱自己、爱家人、爱朋友，才能衍生出对所有生命的爱。而暴虐的人往往缺乏爱的能力，他们的爱，往往是不完整的。

因此，家长首先要形成正确的家庭教育理念，在家庭中营造和谐友爱的氛围，以身作则，用自身行为来影响孩子。家长是孩子成长过程中一位非常重要的老师，一些言行举止，孩子都会看在眼里，记在心上，在耳濡目染中不自觉模仿。

孩子虽小，但也是一个独立的个体。作为一路陪伴他们成长的家长，要眼光长远，格局放大，培养孩子从小成为一个善良、有爱心、品德良好的人。在日常生活中，要告诉孩子多做好事，在学校对老师要有礼貌，和朋友一起玩要和谐相处，要教他们正确待人接物。

真正去爱孩子，尊重孩子，在他们遇到问题时，蹲下身子，耐下性子，学会平等交流，善于沟通，做孩子的知心朋友，静下心来倾听孩子要述说的一切。当孩子有了自己的心事，想说出自己对事情的看法时，要与孩子一起商量解决，给他们足够的自信，用理解、爱和善意相伴，使孩子健康快乐成长。

成长的过程，不会是一帆风顺的。家长在一路陪伴中，要鼓励自己的孩子敢于迎接挑战。遇到问题，尤其是与他人相处时产生矛盾、情感问题、人际关系问题等无法排解时，家长要言传身教，善于引导，正确启发，积极给孩子灌输正确的价值观和人生观，绝不能在孩子成长最需要营养时让爱缺位！

可以说，很多少年犯罪，基本上都是因为做人的失败，缺乏与世界打交道的能力，心中只有自己，从来没有别人，从而让私欲和阴暗堵塞正常做人的通道。最后，害了自己，害了家人，付出沉重代价。

孩子不是孤岛，将来走向社会，必须与这个复杂的世界打交道，人生路上秉持什么态度，采取什么方法，直接关系到孩子会成长为一个什么样的人，有什么样的命运。

有一个公羊博弈的小故事，蕴含着做人智慧，对我们很有启迪。两只羊在独木桥相逢，一次只能过一只羊。这两只羊，谁也不肯让，就僵持着。如果互不相让，到天黑都会筋疲力尽地掉到万丈深渊，都得死去。

到底谁让步我们不知道。现在再加一条信息：黑羊刚从医院检查回来，得了绝症；白羊刚升了职，明天要结婚。

请问现在谁该让路？

答案是白羊让路！

根据答案分析，我们得出一个神奇结论：幸福让！

为什么谁幸福谁让路？

想一想，如果他俩同归于尽，摔到万丈深渊，表面看，他们损失是一样的。但是，损失的未来成本不一样，谁幸福谁付出的代价就大。

聪明的家长，培养孩子与这个世界相处时，会教育孩子学会谦让，宁吃小亏，不占便宜。因为有出息的孩子，有远方，有希望。

我们检察机关就办理过一个特别典型的案件。

一个少年，好不容易考上 985 大学，有一次在和宿舍同学聊天时，同学一句话惹恼了他，他拿起桌上的刀，刺向对方。结果，命中要害，把人给捅死了，自己本来美好的前程也毁于一旦。

根据"幸福让"原理，我们得到三个推论。

第一，要培养孩子从小立大志，有理想，有远方。

第二，做人不要因小失大。

第三，真正挑战的问题是：如果你是白羊，过着有希望的生活，必须想办法给黑羊让路。

所以，家长在孩子成长之路上，用心培养孩子心地善良、为人谦卑，有格局，善于"幸福让"，这样才能让孩子走好人生的每一步！

小贴士：有一天，你和孩子一起出门，遇到一只可怜的流浪狗，孩子停下脚步，露出一副心疼的神态，你是不理睬拉着继续走，还是愿意和孩子一道蹲下来，一同走进孩子那善良的世界？

十八　语言暴力，最摧残人心的成长"杀手"

（一）

"我的孩子文文静静的，怎么会和犯罪挂上钩啊?!"

电话刚一接通，柳梅就在电话另一端气急败坏地嗷嗷叫。

因为都是熟人，我又在检察机关工作，儿子犯事，作为当事一方的母亲，柳梅口不择言，言语唐突，那份焦灼我能理解。

柳梅眼中的乖儿子封军，在一家技校上学，还是未成年人。

那天是星期日，中午时分，柳梅的儿子封军和初中时要好的同学范伟、刘攀、王应，相约到喜来运饭店啃大骨头享受美味。

席间，四人边吃边喝，气氛热烈。

正在此时，一个叫宋飞的中年男子来到饭店找老板借钱，看到范伟和同学在吃饭，就大大咧咧地摸了一下范伟的头："小子，看到叔进来了，也不打个招呼啊!"

范伟和宋飞只是住在一个小区，平时很少来往，也没有接触过。对宋飞这样的冒犯言行，很是反感，结果，就和宋飞顶撞起来，随后发生口角，互相撕扯，争吵中被人拉开。

本来四人高高兴兴的，因为中间的这一段不快，这顿饭吃得相当扫兴。

买完单，四个少年闷闷不乐地走出饭店。谁知，那个叫宋飞的中年男子觉得自己吃了亏，就从饭店东边的泵房拿了一把铁锹，咋咋呼呼撵了出来："你们也太欺负人了，老子跟你拼了！"正值青春期的范伟，哪里能咽下这口气，顿时热血奔涌，迎头就和宋飞扭打起来。

此时，封军长期压抑的情绪爆发，不由分说，鼓动其他同学一起加入，发了疯似的，不管不顾，怎么痛快怎么来，将宋飞打得哭爹叫娘，满脸是血，躺在地上嗷嗷乱叫。

后来，被打得奄奄一息的宋飞被路人送往医院，最后诊断为右眼球破裂伤，导致右眼失明，构成了重伤。

了解了案件的前因后果，我不知道如何安慰作为少年嫌疑人母亲的柳梅，就是因为一句话，致使一个正常人重伤，四个同学去坐牢，五个家庭陷入痛苦的泥潭——这代价也太惨痛了！

小小少年，正处在青春勃发的成长期，激情犯罪已成为一个使用频率极高的词语，现在逐渐成为一个不容忽视的社会热点问题！

根据有关资料统计，在当今这个快节奏的时代，激情犯罪已经占到一般刑事案件的三分之一。

大部分作案者，都是血气方刚的青少年，而且近年来激情犯罪有愈演愈烈的趋势！

激情犯罪，就像上边提到的案例，是"封军"们一种爆发性的、短暂的、比较猛烈的情绪状态。假如没有被害人强烈的刺激，或许四个少年就不会产生冲动激情，也不会干出这令人后悔莫及的事。

但是，我想追问：被害人一方固然有错在前，可即使突遭这样的刺激，难道暴力伤人是四个少年的唯一选择吗？

激情犯罪中的犯罪嫌疑人、被告人，绝大多数都不是穷凶极恶的惯犯、累犯，大部分犯罪者都是缺乏理智，文化程度不高，控制力差，对人生常有挫败感。一般事先也没有预谋，一遇冲突，他们激愤爆发，反应过激，闯下祸端。

如果再深入地追问，那我要说，为什么会是你和犯罪挂上钩呢？

在深入分析案件背后的故事后，我想尝试回答这一让封军母亲很迷茫的问题。

（二）

封军生在一个小城市，父亲原在一家事业单位上班，因为性情耿直，说话直爽，脾气暴躁，在工作上先后和几位同事以及上司产生矛盾，闹得不可调和。他一气之下，干脆辞职，和封军母亲商量来商量去，选择夫妻共同跑出租车。

那些年，封军小，夫妻俩忙不过来，就把他放到姥姥家，两个人没日没夜拉人挣钱。开始，生意还不错，然而，随着私家车的不断增加，城市交通越来越便利，以及顺风车等新生力量的挤压，生意越发难做。

钱挣得少，家里负担又大，夫妻争吵越来越多。柳梅实在受不了丈夫的坏性格，索性撂挑子不干，把封军接回家中，独自抚养，让丈夫在外找一个帮手，不再过问出租车生意。

封军的父亲性情火暴，在外先后找了几个出租车司机，不是这问题，就是那问题，总之，没有一个合作超过三个月的。还因为一次粗心大意，发生一次交通事故，算来算去，竟然赔了10多万。

封军的父亲，在外说不得嘴，就每天躲在家中，喝着劣质小酒，配着便宜的花生、小豆，一天一小醉，三天一大醉。喝多了，也不去屋里睡觉，站在客厅，看着什么都不顺眼，不是骂老婆，就是骂儿子。从小就对父亲特别畏惧的封军，失去姥姥的庇护，整日在家中不断遭受醉酒老爸的语言暴力。

时常，封军的父亲把儿子当作发泄对象，稍有不如意，横眉竖目，大声呵斥。有时候，明明就是自己无端闹事，却把儿子骂得狗血淋头。封军性情温顺，每次看到醉酒的老爸，就像遇到虎狼的羊，吓得战战兢兢，溜着墙根走，唯恐遭遇来自父亲的"倾盆大雨"。

他曾经尝试寻求妈妈的保护，可是，被生活压力和夫妻热战搅得心烦意乱的柳梅，也慢慢变得性情暴躁。她和丈夫吵架打闹无法占据上风，就把一腔恶气抛向儿子。于是，在这个小家，封军成了夫妻失败生活的出气筒，稍有不如意，二人就对着无辜的儿子恶语相加，骂的话要多难听就有多难听。

"丢人""猪脑子""废物""你怎么不去死"……

这一个个扎人的字眼，都出自封军父母之口，将正在成长的孩子推入无尽的黑暗。

本来性格内向的封军，变得更加孤僻。时间长了，他在父母眼中更加逆来顺受，但内心深处已埋下了仇恨周围环境的种子。

柳梅和丈夫做梦也不会想到，他们夫妻对孩子任性的语言暴力，在不知不觉摧毁着自己的孩子。

在一期有关青少年的杂志上，我看到一家全球儿童安全组织发布的一则海报。

第一个孩子，手里拿着一张 30 分的考试卷，整个人看上去比较胆小，神情紧张，身上刻着的是父母对他说的话："你脑子让猪吃了吗？考成这样，还有脸回家？"

第二个孩子，刚刚跟小伙伴们完成一场不错的足球比赛，身上的泥渍还在，因此惹怒了父母："没见过这么脏的孩子，你是从垃圾堆里捡来的？"

第三个孩子，手里捧着打碎的花瓶，无助地望着前方，眼神空洞，像是随时等待父母的责骂。他的身上刻着的话是："天天毛手毛脚，你上辈子是闯祸精啊？家里有你，真倒大霉了！"

海报上的这些话，不仅仅是刻在孩子身上，更深深地刻在孩子心里。

长期在检察院工作，我在和办案的同事讨论时，有这么一个发现：那些从小在家庭中被语言暴力伤害过的孩子，出现过激行为的概率非常大，特别容易走向犯罪。

网上流传过这样一个视频：在国外的一个超市里，儿子正在打游戏，父亲很生气儿子不务正业。随即对儿子说："有种你就别活了。"并且拿了一把上膛的手枪放在柜台上。父亲万万没想到，儿子会在他转身的那一瞬间，对准自己的脑袋扣下扳机，选择了自杀。

我们谁也不知道，那位儿子生前经历过什么，可能是无数次遭到父亲的鄙夷，可能是对自己的绝望，恰好就在那个节点上，父亲一句"有种你就别活了"突破了他心里所有的防线，正好旁边有最致命的武器。

于是，一个鲜活的生命结束了……

家庭冷漠的语言，来自亲人粗暴的管教，无疑就是一种暴力，一种杀人于无形的武器，虽然没有鲜血、没有痕迹，但是，真的足够摧毁一个人。

在封军母亲眼中，儿子温顺文静，手无缚鸡之力，根本不可能去使用暴力。殊不知，在他们夫妻不以为然的语言暴力下，正在悄然培养出一个走向暴力的孩子。

很多时候，我们以为孩子是自己身上掉下的肉，可以随便打，随便骂。不知道孩子幼小的心灵还没有那么强大，他们还没有足够的能力和情商，去消化父母不留情面的羞辱和对人格的践踏。

家庭语言暴力的后果，会让孩子走向两条路：一条是将仇恨向内发泄，自残或者自杀；一条是将仇恨向外泼洒，打人或者杀人。

（三）

天真烂漫的孩子，是这个世界的一张白纸，当受到来自家庭的恶语相向时，幼小的心灵就会全盘吸收，并随着时间的推移，把这种恶发泄到社会。

作为父母，在和孩子相处的过程中，千万不可任性而为。因为家庭教育，对孩子成长为一个人格健全的人至关重要。

爱孩子，拒绝家庭语言暴力，父母应从好好说话开始。

不知我们是否能意识到，自己常犯的一个致命错误，就是对我们最亲最近的人，在交流、相处、说服、教育时，容易不加理智，口无遮拦，控制不住自己的脾气。这里，我给觉得自己性情火暴的父母提供三个梳理情绪的小方法。

一是情绪转移。在和孩子发生矛盾和冲突时，如果自己的情绪处于恶劣状态，要学会转移情绪，化解情绪。比如，去做一些重体力活儿、出去跑步、做家务、洗衣服、打扫卫生、修理家具等，先为自己身上的负能量寻找一个出口，通过劳动、运动等方法消耗掉。

二是情绪宣泄。现在，做父母的，受到来自社会、家庭、工作等方面的很大压力，回到家中，特别容易把情绪带给自己的亲人，在面对孩子的时候，稍把握不好，会让坏情绪殃及子女。为此，父母必须做好情绪宣泄，如找闺蜜、铁哥们儿、最好的同事等，找个地方谈谈心，或者去 KTV 唱歌宣泄，或者到无人的地方大哭一场。

三是情绪升华。人吃五谷杂粮，都会有心情不好的时候。在这样晦暗压抑的日子，父母应听听音乐、脱口秀、相声等，让心情晴朗起来。或者有兴趣的话，耐下性子，写写日记，练习书法，走进大自然，寻找美好图画，搞搞摄影等，从而让自己在面对生活、面对家庭、面对孩子时，从容起来。

不论是哪种方法，重要的是不要将情绪长期压抑，父母在面对子女教育时，先要做好自己坏情绪和坏状态的"清理工"，避免因为自己的状态而影响到孩子。

成长着的孩子，在父母面前，总会小心翼翼地跟父母说话，盼望父母多爱他们一点。好好说话，其实是每一位父母的必修课，既然孩子选择了我们，我们就应该珍惜与孩子的缘分，远离语言暴力，多给孩子讲爱的语言。

据说，爱迪生在 8 岁的时候，就被学校赶了出来，因为老师觉得爱迪生是"低能儿"。

而母亲并不这样觉得，她对爱迪生说道："老师说你是低能儿，我不认同他的说法，你明天起，就不要到学校里去了。我今天在老师面前发过誓了，我会在家里好好教育你。我已立下决心，无论如何你会成为世界上第一等人物，你有没有这个信心呢？"

爱迪生说："妈妈，我愿意发誓，我一定会做一番大事业，让说我是低能儿的老师看看。"

后来爱迪生成功了，提到母亲，他说："特别感谢母亲为我跟老师辩护，从那时起，我就决定不能辜负母亲的期望！"

世界上每一个孩子都有积极向上的心，就看父母如何引导，如何使用语言。

小贴士：在你们家，对"刀子嘴豆腐心"这句话，是赞赏还是质疑？

第七辑 成长 "心" 希望

　　有一个农民种豆子，在地里撒满了种子后，把剩下的那一把放在石头下。过几天回来后，他发现石头离地了，半寸一寸的，是被豆子顶起来的。他特别激动，到处拉别人来看，一位严肃的乡间老师前来质问他。

　　老师说："你到处说豆子的事，是要说明一种什么哲学吗?"

　　农民说："不想说什么，就是想表明我的惊喜!"

十九 一堂法治教育公开课

同学们好！

又到一年开学季。

目睹各个学校门口的热闹景象，让人感慨多多。

可怜天下父母心啊！你看那场景，大包小包的，肩扛手提的，千里迢迢相送的，无微不至叮嘱的……

从中能强烈地体会出什么？

——爱！

谁都有自己的亲人，我们都会有这样的感受，那就是，从出生那天起，我们的亲人，对我们的爱，用最恰当的一个字表达——就是怕。

孩子出生后需要照顾，父母怕有闪失；子女开始蹒跚学走路的时候，父母怕出问题；儿女出家门要去陌生的地方，父母怕孩子不能照顾好自己；眼看子女一天天长大，父母怕孩子在成长中出现意外；即便孩子日后有了工作，还怕孩子不能自立自强；孩子不在自己身边时，父母总是牵肠挂肚，怕出现各种意想不到的问题！

试问，这种怕，这份担心，这样的焦灼，作为子女，我们能否都能真切体会到？

那天，路过一个学校门口，我特意停了下来，走在家长的人流中，深深地感受到暖暖的爱意。

在和一个家长交谈时，他说的一句话，应该也代表了天下父母的心声："咱送孩来校学习，将来不图孩子多有权，不图多有钱，能平平安安的，好好地活着，有尊严地活着，当大人的就心满意足！"

他话说得特别朴实，眼神中也流露着特别的真诚。

同学们，对我们子女来说，这小小要求不算高吧。

今天，什么大道理，什么客套话呀，我在这里一点也不想说。我虽然是一名检察长，但是，我也是一位父亲，今天，我就接着这个话题，和同学们说说心里话，谈谈作为一个家长，给自己最爱的亲人的一点善意的提醒和发自肺腑的忠告。

我长期在检察机关办案。因为有这个特殊的环境，比一般人接触到更多千奇百怪的案件。这些案件有的让人惊奇拍案，有的叫人唏嘘感叹。案发时，在社会上也热闹过，外界也热议过，有的还引起了特别的关注。然而，时间似流水，慢慢冲淡了一切。可于我而言，监狱门前，探监人痛苦复杂的表情，法庭旁听席上，被告人亲友揪心的神态，在脑海始终挥之不去，萦绕不散。

一个人，当对生活不知足时，应该到医院去走走；有了烦恼想不开，应该到火葬场去瞧一瞧。然后，你会读懂什么是人生中最珍贵的，什么是最值得庆幸的，哪些是我们没有感觉到的幸福，哪些是我们本不该丢弃的最宝贵的东西。

有这么一个案子，对我触动很大。这个故事是一个寡母和一个儿子的故事，就发生在我们身边。

这个女人，年轻时长得很漂亮，可想而知，身边追求者众多。有道是，天有不测风云，人有旦夕祸福！在她生下孩子不久，一个平常日子，突然祸从天降，丈夫被一场无情的车祸意外夺去了生命！

那时候，依照她的条件，再找一个条件优越的男人，一点也不成问题。而且，一些曾经钟情她的男人，没有嫌弃她的窘况，丈夫刚刚入土为安，就对女人展开猛烈的攻势。丈夫去世还没有过百天，各方提亲的、说媒的，络绎不绝。

哪个在风雨飘摇中的女人，不想再寻找一个温馨的港湾，不想再寻找一个为自己遮风挡雨的大树？但是，这个女人再三权衡，为了自己的孩子，决定终身不嫁！

因为，她有一份深深的牵挂！她要把自己生命的全部心血，倾注到这个仅仅2岁儿子的身上！

悠悠岁月，沧海桑田。这个寡母为了供养儿子，到建筑队做过饭，进铅厂当过临时工，跑过保险，推销过葡萄酒，干过钟点工，开过洗衣房，经营过理发店……

那个年月，年轻貌美的女人身边的诱惑实在太多，如果思想稍微"灵活"点，日子就会很滋润，就会衣食无忧。每当有不正经的男人用物质来暗示交易时，她都不屑地回敬："谁稀罕这些，我儿子长大出息了，我们什么都有的！"

风华是一指流沙，苍老是一段年华。

孩子，一日日在长大；母亲，一天天在变老。

这个儿子，确实聪明伶俐，从小学，到中学，再到高中，都是同学中的佼佼者。

那年，当他被广州一所大学录取，从来滴酒不沾的母亲，晚上喝得酩酊大醉，手舞足蹈地说："老天有眼，我们母子终于看到曙光啦！"

自从儿子上了大学，母亲整天乐呵呵的，精气神更足了，浑身上下，总有使不完的劲儿。母亲满眼看到的，都是让人兴奋快乐的色彩。她为儿子骄傲，觉得一辈子这样辛苦辛酸，也值了。

本来，生活前景一片美好。

突然有一天，母亲听到一个不可思议的消息，儿子在学校杀人啦！

原来，这个叫陆新的儿子，在校期间，和同寝室的一个老乡同学，因为上下铺问题发生一些口角，觉得自己受到羞辱，心怀怨恨，最后拿剪子，朝这位同学身上捅了17刀，致使其抢救无效，死在医院。

案件性质严重，影响恶劣，最后陆新被判处死刑，立即执行。

可以想象，陆新的死，对母亲是怎样毁灭性的打击！假如他父亲的死，对他母亲来说，是天塌了。那陆新的死，对他母亲来说，简直就是生命的毁灭！

可怜的母亲抱着陆新的骨灰，哭得死去活来，最后，一只眼睛都哭瞎了。

陆新的家在太行山区，哭得死去活来的母亲，执意把儿子的骨灰埋在离老家宅院200多米远的山坡上。

一个不到50岁的女人，原来是那么俊俏，一场猝不及防的打击，让她一夜之间变得满头白发，面目全非，精神彻底崩溃。

以后的日子里，她变得神神道道。除了吃饭睡觉，就是坐到家门口，望着不远处的孤坟，像鲁迅笔下的祥林嫂，嘴里一直嘟哝着什么……

这个案件，实在让人心碎，背后的故事，更是令人唏嘘。

陆新出生在单亲家庭，但他一点也不缺少爱。他小时候最喜欢啃猪蹄，当他放假回家时，不舍得吃不舍得穿的母亲，都要特地跑到卤肉店，买上几个猪蹄，母子俩坐在一起，看着他大口大口地吃，大嘴大嘴地啃，满脸幸福。刚开始，陆新也让让母亲，可母亲总推说猪蹄子太腻，不喜欢吃，时间长了，陆新就自己享受美味，连让也不再让。吃不了了，就让母亲把猪蹄存放起来，等有食欲，再继续吃。陆新到死也不知道，母亲未生他之前，最喜欢吃的就是猪蹄。

说到这里，我插问一句，你们知道爸妈最喜欢吃的是什么，最喜欢穿的是什么吗？

谁不喜欢吃好的，谁不喜欢穿漂亮的，在美味佳肴前，在家人和我们谦让推托的时候，我们能体会出其中那份无私的爱吗？

有一次，我在麦当劳看到一位年轻妈妈，她满眼爱意地坐在对面，一直盯着女儿，小姑娘在津津有味地啃肉，大口喝饮料。我打了声招呼，然后问小姑娘："怎么不和妈妈一起分享美食？"姑娘一听，愣了半天，一脸不屑："她不喜欢吃呀！哼，老土妈妈！"

看看吧，溺爱的结果，是逐渐培养出一个以自我为中心、从来不去替别人着想的孩子！

陆新在和同学发生纠纷时，想过家中含辛茹苦的母亲吗？他觉得自己受到不平等对待，知道他母亲为了他遭遇的磨难吗？他愤怒，他不平，他一时冲动，失去理智杀了人，无非是以死谢罪，一了百了。可他知道自己这样冲动的结果，给最爱他的母亲留下的是什么吗？

如若陆新地下有知，灵魂也很难安生！

所以，家庭、学校，对人的培养，首先应该进行爱的教育，进行美好情感的培育。只有懂得如何去爱，我们才能顶天立地，才配做一个真正大写的人！

在这个充满喧嚣和浮躁的世界，我们的确面临太多的诱惑和选择。我无权去干涉别人的思想，但作为一个父亲我想提醒同学们，即便远离了父母的视线，有了越来越自由的空间，有了更多决定权和选择权，也不能放任自己！

生活能够给自己的优势，就是好好做人，踏踏实实活着。假如我们一味颓废、消沉，对一切无所谓，那就连这看似平淡简单的快乐幸福，都会丧失！

有个特别著名的华裔科学家，叫崔琦，曾经获得诺贝尔物理奖，让我们引以为豪的是，他老家就是我们河南的。那年，著名节目主持人杨澜慕名去美国普林斯顿，采访了这位功成名就的河南老乡。

在采访中，让杨澜想不到的是，这位荣誉满身的大家背后竟然有如此辛酸的往事。

这位大名鼎鼎的科学家，从小特别贫穷，直到 10 岁，他也没有出过村，每天帮父亲做农活儿，养猪放羊。12 岁那年，姐姐介绍一个机会，让他到香港教会学校读书。

父亲目不识丁，觉得家里就一个儿，已到帮着干农活儿的年龄，不乐意放儿子走。但他母亲对儿子有更高期望，坚持要把儿子送出去念书。小崔琦也舍不得离开家，母亲安慰他，下次麦收，就可以回家。然后，拿家里剩下的一点粮食，给他做了几个馍，放在小包袱里让他去了香港。

他做梦也没有想到，这一走，再也没机会回到家乡，而他父母，在他走后，相继过世。

杨澜问这位大科学家："有没有想过，如果没有母亲坚持送你出去读书，今天的崔琦将会怎样？"

这位见过大世面的科学家，沉默好久，哽咽道："其实，我宁愿是一个不识字的农民！如果我还留在农村，陪在父母身边，家里有个儿子，毕竟不一样，或许，我的亲人不至于饿死吧！"话没有说完，他就泣不成声。

我要问同学们："我们追求的成功，究竟是为了什么？我们追求的幸福，又是怎样的？"

据说，在太平洋上有一个小岛，岛上赤红色的巨石上刻着 3000 年前的一句话："没有爱的太平洋，不值得留恋！"

千年前的古人，都懂得做人做事的道理，懂得什么是最值得珍惜的，而现在的我们呢？

同学们，学会去爱，更要知道如何去爱！其实，我们对亲人最好的报答，就是好好做人，好好做事，有责任，有担当，让爱我的人和我爱的人，活得有尊严。大家同意吗？

二十 一次"成长沙龙"的分享：
我们没有资格"躺平"

今天，我们相聚在一起，聊一聊在校读书对我们普通家庭孩子来说究竟意味着什么。

说起这个话题，我感慨万分。关于读书，我有一辈子都痛彻心扉的教训。在座的，大部分和我一样，都是来自农村。今天，我就用自己的亲身经历，分享一个主题：同学，我们没有资格"躺平"！

论起文凭，我特别惭愧，因为我是一个高考落榜生。

那年名落孙山的惨败，给我心里留下一道伤疤。至今触摸这道伤疤，我都有一种锥心的痛。

高考之路没走通，对于我这样身于最底层的人来说，似乎也再难有第二条好的出路。

明明是我不好好学习，造成求职的尴尬，但我的爹娘却像自己做了错事一样，一边小心看着我的脸色，一边硬着头皮，赔着笑脸，四处求爷爷告奶奶，总算在老家济源一个镇办工厂，给我找到一份临时工。

那个厂是加工阀门的，我被安排做车工。笨重的阀门，刺耳的声音，飞扬的尘灰充斥车间。一天下来，我满脸炭灰，大汗淋漓，整个人像虚脱了一样，狼狈不堪，只能咬着牙苦苦硬撑。

那时，我刚走出校门，身体瘦弱，笨手笨脚，干的活儿是计件工资，用尽吃奶的力气还是经常完不成任务。时常有工友嘲弄我，连饭桶都不如！

一天，厂长遇到我，说："德义，听说你有点小文采，给报社写封表扬信，夸夸来咱厂参加社会实践的大学生吧！"

向报社投稿？我一下子蒙了：报社门朝哪儿开，编辑是谁？第一次写作，无疑压力巨大。

谁知，时隔一星期，《焦作日报》"读者来信"板块，以《乡镇企业欢迎这样的大学生》为标题，全文刊登了来信，我的名字赫然变成铅字。

这件事让我在困顿中发现前方的一缕曙光，我决定紧紧抓住这根救命稻草，把读书写作作为我人生的唯一自救途径。于是，我找来有关书籍，如饥似渴地学习，向老师求教，在身边寻找写作素材，不停地投稿。

慢慢地，在报纸杂志和广播电台，我的散文、小小说、通讯、来信、消息等稿件，一篇篇变成铅字，逐渐引起读者的关注。

我一边读书，一边写作，不知历经多少艰难，才能不停地发表文章，境遇开始逐渐改善，好运不断降临。我先被安排到厂部办公室，接着被济源市公安局破格聘用，在交警支队做宣传工作。随后，我被沁阳市检察院破格录用，成为检察院建院以来第一位由临时工进入编制的，成为正式干警。不多久，我又成为该院建院以来最年轻的办公室主任。

展现在我眼前的，似乎是一片花团锦簇。

我不自觉地放松了读书学习，脚步开始轻飘起来。每天，两袖清风，一肚酒精，读书越来越少，写作热情越来越淡，周旋在应酬和浮夸中。

一场猝不及防的打击，突然降临。

检察院干部制度改革，实行中层干部竞聘制，结果，我意外落选。

从幸运儿，跌到万丈深渊。

在人生的至暗时刻，我万念俱灰，不知有何颜面见人，有何勇气走下去。百般痛苦之时，我又捧起了书，开始用知识疗伤，躲避苦痛。

读着读着，我暂时忘却了现实的烦恼，心变得逐渐平静，在不知不觉中，改变着心境，汲取着向上的力量。

我痛定思痛，深刻反思，决心彻底改变以往的坏毛病，再也不参加无聊的应酬，并把一直上瘾的烟戒了。为了锻炼意志，我开始每天早上坚持洗冷水澡，定时快步走，无论春夏秋冬，天天风雨无阻，督促自己从早开始清醒，保持自律习惯，时刻提醒我是谁。

就这样，我在别人喝咖啡、打麻将悠闲时，像孤家寡人一样，到图书馆找书看，关起门写作，付出只有自己才清楚的努力。截至今天，整整20年，在全国各级新闻媒体刊登各类体裁文章上千篇，在国内公开出版《深度关注》《人在迷途》等10部有关法治心理的专著，主笔策划了一系列弘扬正能量的图书。

有一首歌中唱道："谁不是靠着梦想活到今天，谁不是抱着希望期待着明天。"然而，由于基础不牢，功夫不扎实，知识面太窄，我每向前走出一步，都是那样艰辛和不易。其中吃的苦、遭的罪，三天三夜也说不完。

那年，我跌倒后再次走上办公室主任岗位，在重新得到周围人认可后，我对人生又有了一种新的认识，深刻感受到，要一路走得扎实平稳，必须老老实实做人，勤勤恳恳读书，一步一个脚印，不断提升自己。只有真才实学才是最大的靠山，丰富学养才是最好的背景。

于是，我主动放弃很多人想去争取的职务，在各级检察院领导的理解和支持下，换来时间的相对自由，换来职业变成事业，爱我所爱，一心沉浸写作，我先到焦作，接着又来到郑州，围绕检察院新时期工作特点，全身心探索未成年人心理健康问题，著书立说，用所学所感，传播现代法治理念，守一种信仰蓬勃向上，凝一股力量健康成长。因为成绩突出，被最高人民检察院荣记个人一等功 1 次、个人三等功 6 次。

我一路走来，吃尽苦头，历经艰难、挫折和挣扎，在跌跌撞撞中深刻体会到，读书实在太重要，绝对不可忽视高考这一人生最重要的时刻。

庆幸的是，我没有认命，没有放弃自己，还好有幸运和贵人相助，我几乎倾尽所有努力，似乎直到今天，才一路追赶上来。但是，走得真的太艰辛，太不容易！

在座的，很多和我一样，都出生于普通百姓家庭。我们生来，背负着艰难，承担着不易，我们唯一能给自己的，就是老老实实做人，认认真真读书。假如在校错失良机，一味荒废学业、不求上进，对一切无所谓，那么就连命运给我们的最后机会也会丧失，一辈子活在平凡卑微中！

同学们，我们没时间去矫情，更承担不起犯错的成本。借用一个现下的流行语，说真的，我们连"躺平"的资格都没有！

现在，每当和妻女一道结伴出游，玩着玩着，我时常会突然停下来，神经质地沉默起来。这种快乐里，总觉得少了点什么。

我出生时，爹娘已经四十多岁了，我是家中独子。因为在校时没有用心学习，结果求职四处碰壁，做人狼狈不堪，爹娘本该安享晚年，却在余生替我战战兢兢，把心操碎！

如今，我历经屈辱，几番挣扎，活得有一点人样了，而最爱我的人，却再也看不到这一天了。今天，我终于从泪水中明白，有的人，有些爱，一旦错过就永不在！

黑发不知勤学早，白首方悔读书迟。

现在，我最羡慕在校的同学们。如果时间可以倒流，我一定会抓住学生时代的大好时机，像你们一样，勤奋读书，刻苦学习，绝不给自己"躺平"的时间，再也不敢忽视知识，游戏生命，消沉萎靡。

因为，人生最宝贵的学生时代失去了，荒芜了，浪费了，即便以后你醒悟了，想要再去打捞自己，那付出的代价实在太大了。

同学们，在过去，"万般皆下品，唯有读书高"，在校读书的权利，只给予达官贵人家的子弟。如今，是几代共产党人用鲜血和生命，给我们换来平等读书的机会。所以，我们一定要百倍珍惜在校的大好时光，千万不可错失，为了不负自己一生，不负亲人期待，强国有你，向上吧，少年！

二十一　关于家庭教育的对话

读者：这些年，作为一名在职的检察官作家，您不停地写，写出了《深度关注》《向上吧青春》《给你的青春提个醒》等，而且经常利用业余时间，到不少地方演讲，主题内容也大部分围绕青少年成长方面。请问，在长期关注青少年心理健康成长的路上，你最大的感受是什么？

著者：我长期在检察机关工作，由于工作的关系，接触和调查了许多青少年犯罪案件。有一个最大的发现就是，不少青少年在青春叛逆期慢慢变坏，以至于走上犯罪道路。很多都是因为当事人的世界变得越来越小，缺乏最起码的敬畏之心，狭隘的视野和极端的自我，让他们逐渐走向黑暗。

从某种意义上来说，法律就是洞悉人心的。我有幸从事检察工作，不断接触形形色色的青少年犯罪案件，那些不经考虑的铤而走险，不计后果的孤注一掷，令人扼腕叹息的自甘堕落，让人触目惊心的破坏毁灭等，不但是当事者人生的至暗时刻，也是他们背后亲人朋友最大的不幸，更给周围的人带来极大的不安全感和危险，为我们这个世界蒙上难以驱散的阴云和无穷的隐患。

在此，我最想向全社会呼吁：成长陪伴，是必不可少的家庭教育，是一个民族面对未来的重要着力点。一切为了孩子，为了孩子的一切，我们全社会都应该真正担当起来，祛除浮躁，沉下心来，用一种负责任的作为，尊重每一个孩子的成长规律，循着每一位青少年的发展轨迹，一路护爱成长，呵护花开！

读者：最近，在心理学研究领域，通过实验，有这么一项比较新的科学发现，其中提到，有一个最重要的指标可以预测一个人是否身心健康。这个指标就是爱，一个特别有意义的人际关系状态。

著者：你提到的这个问题，特别值得我们对这个"爱"字做一个深入的分析。这么多年，我在关注青少年成长过程中，接触到很多未成年犯罪人的家庭，一个强烈感受是：这些家庭，一点也不缺少爱。但是，让我痛心的是，这个爱只是一种狭义的爱，而且在这个爱中，不是爱错了，就是错爱了。

读者：能不能说得更具体一些？

著者：我举一个检察院办理的一起案例。

一个男孩，很小时就勤学苦练，会弹吉他，又会拉丁舞，还参加过全国朗诵比赛，学习成绩很好。

长大了，上初中了，事事争先，每次考试都是前三名。

为了孩子，父母倾尽所有财力，能上的补习班，都逼着孩子上了，能去竞赛的科目，用高薪聘请老师，也都让孩子去拼了。

一路比拼下来，确实成绩突出，孩子在学校成为一位佼佼者。

读者：做父母的，一定自豪和高兴，庆幸孩子很争气。

著者：突然有一天，从学校传来令人震惊的消息，儿子和同寝室一个同学，为一件鸡毛蒜皮的小事发生争吵，一气之下，拿起身边的裁纸刀刺向这位同学！

刺伤的部位，正好是身体要害处，经鉴定，致使对方构成重伤。

这个还未成年的男孩，因故意伤害罪，从一名中学生，瞬间变为一名罪犯。

读者：这事让人感到挺意外的。

著者：我在采访这个案件时，发现一个细节，特别让人深思：男孩家庭条件并不好，没啥收入。当爹当妈的，把男孩当作唯一的希望，只要孩子成绩好，再受苦受累，都咬牙坚持，决不让孩子受半点委屈。

全家以男孩为中心，为了让他勤奋学习，包揽了他所有的后勤服务，那么大一个人，扫个地，抹一下桌子，都不让他去干。只要他能拿到高分，一切为他让路，毫无原则地迁就他、纵容他。

从小，用胆小如鼠形容这孩子，一点儿不过分。本来是那么善良、柔弱，连杀鸡都不敢看的孩子，因为同学一句话惹怒了他，突然间面目狰狞，完全变了一个人一样，情绪失控，不计后果，头脑一热，拿起刀就捅向对方。

读者：凡事总有前因，才有后果。

著者：是的。根据成长心理学分析，每个未成年人的可塑性都特别强。他们在成长中出现的问题，如果去深挖原因，往往可以从身边的大人身上找到根源。

说句心里话，现在教育资源的稀缺、升学就业的压力、孩子未来面临的激烈竞争等，给我们现代家庭教育带来很多挑战，让不少父母头疼。

怎样培养孩子、陪伴孩子、教育孩子，家长总会觉得茫然、焦虑、困惑，加上一些很现实的问题，所以一个学生在校的考分，以及所具备的专业特长，就成为家长衡量孩子有没有前途的"指挥棒"。

由于目的直接，功利性太强，一些父母把全部的爱和心思倾注到孩子的学业和爱好培养上，却忽略了对孩子做人的培养，以及人际关系的和谐等。长此以往，孩子变得极端自私狭隘，目光短浅，没有一点格局。

读者：这桩案件很值得我们反思。

著者：对的，我们有必要去问问：这样爱孩子，这样无私奉献，而最后造成的结果，是当初父母期望的吗？

曾经，男孩考试总是前几名，被人称为学霸；吹拉弹唱，拿得起放得下，可谓才华横溢。然而，还没走出校门，就成了一个阶下囚！

读者：发生这种痛心的事，作为父母，有没有一定责任？那么爱孩子，究竟在哪个环节出了大问题？

著者：可以肯定地说，父母所付出的爱，只是集中在孩子的学习能力、知识的掌握上，恰恰忘记了，孩子作为一个正常人，所拥有的做人的基本原则和道德观。

根不正，苗就不会壮，甚至会毁了正在成长的大树！

著者：我从很多案件中观察到，那些溺爱孩子，错爱孩子，把孩子当作唯一中心，错误以为这就是爱的陪伴的家庭，很容易走出一个把自己当作"小祖宗""小皇帝"的问题少年。

读者：一切以自我为中心，"老子天下第一"，这样成长起来的孩子，缺乏分享、包容、合作的精神，到最后，走向社会，又会能怎么样？

著者：这么多年，检察院办理的案件中呈现了这样一个怪圈：有一些未成年人，因为长期形成以自我为中心的价值观，一旦和人产生联系，在处理问题时，特别容易导致一语不合，打架斗殴；一不顺心，报复社会；一遇挫折，要死要活；一遭不平，鱼死网破。

这些年，我接触太多的犯罪案件，发现很多青少年之所以走上犯罪的道路，上演令人痛心的悲剧。究其根源，大都是缺乏敬畏之心，自我膨胀，心胸变得越来越小，慢慢地变得极端狭隘、自私，心中容不下其他，塞满黑暗和丑陋。

读者：心中只有自己，从来没有别人，这是不少未成年人走向犯罪的一个特别明显的病根。

著者：我特别不赞成，让我们的孩子只安心读书，对眼前发生的一切，不管不问。要知道，置身这个世界，我们每个人都不是孤岛，无一例外地身在其中。

一定要让我们的孩子明白：我们的国家，我们的人民，未来会面临很多的挑战！我们和我们的祖国，从来没有像今天这样，正紧紧地联系在一起。

应对危机和挑战，对我们和我们的孩子，何尝不是一种新的认知学习，何尝不是一种培养能力的功课。

让孩子走进现实，在百年未有之大变局面前，学会适应生存，热爱生命，关爱身边亲人，关注周围陌生人，建立与他人同呼吸共命运的情感联系。

读者：最起码，从身边小事做起，养成良好健康习惯，强壮身体，在生活细节上，严格要求自己，想着自己，心有别人。

著者：是啊！如果我们在陪伴孩子成长过程中，错过太多学习机会，将会是终身遗憾。比如，对自然的敬畏之心、个人的担当和责任感、悲天悯人的情怀、团结协作的团队精神等。

读者：每个孩子的潜力都是无限的，在他们成长的重要阶段，我们一定不可错过给予孩子成长的机会。

著者：现代自我心理学之父、奥地利精神病学家阿德勒指出，对别人不感兴趣的人，他一生中遇到的困难最多，对别人的伤害也最大。所有人类的失败，都出于这种人。

他强调，一个人应付生活中各种问题的勇气，最能说明一个人如何定义生活的意义。

我们可以观察一下植物园里的一串串绿葡萄，细想有一天，一旦停止给它提供养分，会是一种什么结果？

植物科学告诉我们，葡萄藤的一个重要功效，在于它连接了生命活力。

它或许不可能单独成就什么，但那一串串葡萄，假如自我膨胀，想切断与之相连的葡萄藤，脱离同伴，结局只有一个，停止生长。然后就是脱落枯萎，丢掉性命。

读者：您这样一说，我恍然大悟：我们每个人，不就是生长在人类葡萄藤的一串葡萄吗？

走出小我，放大做人格局，与他人建立命运共同体，才能一身晴朗，两眼阳光。所以我们要甘于奉献，做一个有大爱的公民。

只有连接生命之源，成长的人生才能蓬勃旺盛。

著者：我经常和一些家长讨论，提出这样的设想：我们的孩子，将来走向社会，差一点技术、差一点才能、差一点知识，人生又能差到哪里去？

可是，如果根子出问题了，缺少了一个正常人应有的爱、善、智慧、遵纪守法等这些基本条件，那将是怎样的恐怖！

在这里，我特别奉劝做父母的，抽出时间，学点心理学。

读者：学心理学？这有用吗？

著者：学习一点心理学，对关爱孩子成长用处特别大。它像一把"万能钥匙"，解锁家庭教育问题，能够帮助我们认清自己，读懂孩子，抓住要领，一路护爱其成长。

我在焦作检察院工作时，曾采访过一个少年杀母案，教训十分深刻。

一个15岁的未成年男孩，是某校一名中学生。因为对母亲心生怨恨，一天，趁母亲回卧室午休，到厨房找到凶器，走到母亲卧室，没有一点犹豫，手起刀落，疯狂向母亲身上一阵乱砍，把亲生母亲活活砍死！

读者：母子之间，有什么深仇大恨，让一个少年，瞬间变得这样冷血、残暴！

著者：案发后，我第一时间查阅大量案卷，和办案警官、检察官，以及当事人的亲人、同学、老师等，进行深入交流，还走进监狱和少年杀人犯交谈。

不可思议的是，这起凶杀案最重要的原因，竟然是这位母亲对孩子付出得太多，爱得太深！

读者：此话怎讲？

著者：这个未成年人凶犯，我就叫他果果吧。

他的父母，都是城市中最普通的职工，收入有限，条件一般。平时，省吃俭用，任劳任怨，连一件像样的衣服都舍不得买，可是，只要是儿子学习方面的，要风得风，要雨得雨，有求必应。

时间长了，果果养成以自我为中心的个性，只知一味从父母那索取，从不关心体贴父母。

有一次，他想去外面小馆子吃饭，让妈妈陪着买单。坐在对面的母亲，舍不得多花钱，啃着一个烧饼，而果果只管自己吃着鱼，喝着饮料，没有给妈妈留一点儿肉。

最后，妈妈看到他剩了一些，正要拿过来打扫干净。谁知，对面的果果一把夺了过来，高声训斥："这是我吃的鱼，你得到我的允许了吗？"

读者：看这架势理直气壮，好像犯错误的是对面的妈妈！

著者：果果家的邻居张大妈说，果果的妈妈对果果太好了。有时候，街坊邻居的，家里有点好吃的，给他们送一些。每次，他妈都让果果一人吃，她有点看不下去！

果果七十多岁的姥姥说，在案发前几天，闺女还和她商量，准备等年前发奖金了，凑够钱，给果果买台钢琴，培养培养孩子的艺术气质！

案发后，警方在果果家搜查，发现果果的母亲藏着一本还没有写完的日记。我在里面，看到这样一段话："你，果果，是我的太阳，是我的希望，妈妈多么希望你能好好学习，长大以后成为一个顶天立地的男子汉。"

读者：越深入了解，越让人对此感慨。

著者：我接触了不少出了问题的家庭，有一些问题，特别想问家长：你不懂成长心理，没有正确的家庭情感教育，缺乏理智的爱，孩子即便有了本领，又有何用？你不懂成长心理，缺乏感恩引导，一味无条件地付出，孩子学习成绩再优秀，又有何用？你不懂成长心理，总是迁就孩子，委屈自己，让孩子没有一点责任感，孩子知识再多，又有何用？你不懂成长心理，把孩子视作一切的中心，让孩子没有一点大爱，孩子学历高，又有何用？

读者：您有什么好的建议吗？

著者：每次普法，我分享身边未成年人犯罪的悲剧，听众听了，都十分震撼，说得最多的两个字，就是"遗憾"。

遗憾自己认识心理学太晚，学习心理学太晚，懂得心理学太晚。

一位母亲感叹："我的孩子上了初中，真的好遗憾，假如当初学点心理学，也不会闹得鸡飞狗跳！"

还有一位家长后悔，说："没能早些听到，如果真正读懂了孩子，就不会爱得那么盲目，给儿子的成长造成一些困扰！"

…………

读者：根据我的分析，其实，这样的遗憾，部分原因来自一个误会：家长觉得孩子又不会犯法，学不学法律，不重要！认为心理学是一门专业课，是帮助心理有问题的人的，一般家庭学了也用不上。

著者：实际上，很多未成年人犯罪，其实就是内心世界出了问题。心理学一个重要功能，是为所有关注自身发展的人准备的，尤其是为家长关心孩子健康成长所准备的，它能帮我们掌握一把"钥匙"，解决很多未成年人在成长过程中的烦恼问题。

做家长的学点心理学，就会理解，什么是对孩子真正的爱，既能解决亲子关系问题，也能从中找到孩子的天赋，并懂得如何陪伴孩子健康成长，拥有幸福美好的家庭生活！

读者：明白了，爱孩子，最重要的是懂孩子，学会如何真爱陪伴。

著者：其实，亲子关系的培养是一个急不得的种树过程。

读者：能不能说得再具体一点？

著者：唐代著名散文家、诗人柳宗元，有一篇很著名的《种树郭橐驼传》。具体讲的是有一个姓郭的，患了佝偻病，背部高高地突起，像骆驼一样，所以人们称他郭橐驼。他家住长安西，职业就是种树。别看他其貌不扬，可他种的那些树，或者在他指导下种的树，不管是种到当地，还是移栽到其他地方，没有不活的。而且树都长得很高很壮，结的果子又多又好。可以说，郭橐驼是闻名遐迩的"种树大王"。

读者：同样是种树，到底是什么原因能让郭橐驼种出新水平，种出新高度？

著者：其实，在郭橐驼看来，这并没有什么多深的玄机，也不是自己有超越常人的本领，能够种出枝繁叶茂、硕果累累的大树，只是自己充分了解这个树的自然本性，不去过多地干涉，尊重树木的成长规律罢了。比如，要给树木的根部提供能够使其舒展的土壤，同时又要把土夯实，保持周围的水土不流失，确保根部经得起风吹雨淋。

种好了树以后，郭橐驼特别提醒，不要再去动它，也不必过分担心。既然种下了它，就要善于放手，让它回归大自然，释放天性，绝对不要好心办坏事，影响小树的自我成长。

在这个问题上，郭橐驼毫不客气地指出，有的种树人却正好相反。总以自己的意志为转移，在种树的初期，缺乏长远目光，没有将根基扎实。并且在小树的成长过程中，忧虑这个，害怕那个，甚至揠苗助长，人为摧残小树的正常生长，用美好的愿望，做着适得其反的蠢事。作为种树的专家，郭橐驼对这种行为不以为然。他告诫，就是这种行为，表面看起来是爱树，其实是害树，特别不利于树木的健康成长。

这个时代，给我们贩卖太多的焦虑，尤其是给那些望子成龙、望女成凤的家长带来太多的浮躁，让他们心里总是太着急。殊不知，十年树木，百年树人，孩子的成长是有规律的，就像这个郭橐驼说的，违背了树木成长的规律，自然就难尽人意，甚至会适得其反。

读者：爱孩子，是我们共同的美好情感；如何爱，是我们需要不断学习的首要问题。

著者：说得太棒了，的确说到了根本！纵观我们现在教育孩子中出现的问题，就会发现我们不缺爱，但是，缺一份有营养的"健康菜单"。

未成年人的成长道路，任重道远。家庭教育，起着十分关键的作用。

成长与教育都是有规律的。究竟什么是最好的家庭教育？或者说，做好新时代家长要有哪些最重要的特点？

也许，可以用 12 个字概括，那就是：陪伴、榜样、发现、尊重、支持、成长。

后　记

　　　　我们的幸福，和千千万万的孩子紧密相连！

　　在本书付梓之际，回望一路走来的点点滴滴，千言万语汇成一句：感恩、感谢、感激！

　　感恩！庆幸一生能从事检察工作，从事"检爱同行，共护未来"相关的美好事业！

　　感谢！一路前行的鼓舞力量！

　　尤其要特别鸣谢最高人民检察院、河南省人民检察院、共青团河南省委、焦作市人民检察院、沁阳市人民检察院等各级有关领导，包括已经退休的有关领导，给予的关爱、关照、鼓励与指正，以及检察官同事们的积极支持和温暖相伴！

　　感激！时刻给予理解和帮助的亲人和朋友们，包括在时光岁月中，带给我诸多美好的周围的人和事！

　　正是因为有了这些人间挚爱，使我更有理由坚信：我们的幸福，和千千万万的孩子紧密相连！

　　读者朋友们，我们来自不同的地方，从事不同的行业，彼此或许永难相遇，但是，因为我们一切为了孩子，为了孩子的一切，共同拥有爱和善良，一起心怀人类共有的最柔软部分。所以，当我们一道去共护未来，就会情不自禁地，心升美好，无怨无悔地，深深陶醉其中……

我们努力的身影，随着时间的验证，都会变成一种可让孩子作为榜样学习的最好模样！

王德义

2021 年 11 月 19 日夜于郑州